사랑한다면 투쟁하라

Anselm Grün

KÄMPFEN UND LIEBEN
Wie Männer zu sich selbst finden

Copyright © 2003 by Vier-Türme GmbH
D-97359 Münsterschwarzach Abtei

All rights reserved

Translated by Ma Sungil
Korean translation copyright © 2008 by Benedict Press
Waegwan, Korea

Published by arrangement with Vier-Türme GmbH
Münsterschwarzach, Germany

사랑한다면 투쟁하라
2008년 2월 초판 | 2009년 2월 4쇄
옮긴이 · 마성일 | 펴낸이 · 이형우
ⓒ 분도출판사
등록 · 1962년 5월 7일 라15호
718-806 경북 칠곡군 왜관읍 왜관리 134의 1
왜관 본사 · 전화 054-970-2400 · 팩스 054-971-0179
서울 지사 · 전화 02-2266-3605 · 팩스 02-2271-3605
www.bundobook.co.kr
ISBN 978-89-419-0802-9 03230
값 9,000원

이 책의 한국어판 저작권은
Vier-Türme GmbH와 독점 계약한 분도출판사에 있습니다.
저작권법에 의해 한국 내에서 보호를 받는 저작물이므로
무단 전재와 무단 복제를 금합니다.

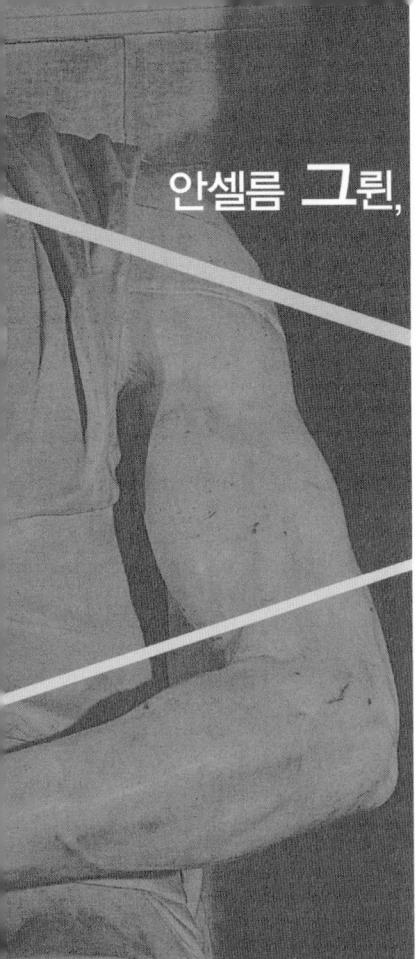

안셀름 그륀, 남자를 말하다

사랑한다면 투쟁하라

마성일 옮김

삶은 본디 남자가 아니라 인간 자체였다. **아브라함은**
아들이다. 위대한 아버지를 둔 아들은 늘 힘들다. **야곱**
기던 아들이다. 요셉은 전형적인 아버지의 아들이다.
는 자신의 민족을 이집트의 종살이에서 약속된 자유의
진 무한해 보이는 힘, 모든 관습에서 벗어나는 자유분
의 전사이자 최고의 왕이다. 전사이자 왕이고, 가수이자
에서 지혜로운 통치자로 묘사된다. **예레미야의** 삶을 보
해야만 하는 것을 말하는 사람이 에인자다. **엘리야는**
모든 사람을 죽인다. **욥은** 현명하고 의로운 남자의
라 부른다. **바오로는** 그리스 문화와 다양한 종교들이
적 남자다. 그의 모습만 봐도 사람들은 겁을 먹곤 했다
은 매우 적극적이었고 하느님 나라의 첫 번째 자리가
학한 남자다.

분도출판사

c·o·n·t·e·n·t·s

들어가며 7

1. **아담** | 남자와 여자 15
2. **아브라함** | 순례자 27
3. **이사악** | 아버지 없는 자 37
4. **야곱** | 아버지 47
5. **요셉** | 마술사 61
6. **모세** | 지도자 71
7. **삼손** | 전사 87
8. **다윗** | 왕 99
9. **솔로몬** | 연인 111
10. **예레미야** | 순교자 121
11. **엘리야** | 예언자 133
12. **욥** | 고통받는 의인 141
13. **요나** | 악동 149
14. **베드로** | 바위 157
15. **바오로** | 선교사 171
16. **세례자 요한** | 야성의 남자 183
17. **요한** | 친구요 현자 191
18. **예수** | 치유자 203

맺으며 | 남자가 되는 길 221
참고문헌 226

들어가며

독일에서는 이십 년 전부터 남자의 정체성에 관한 문제가 대두했다. 여성운동을 통해 여자들의 자의식은 강해졌지만 남자들은 불안해졌다. 남자들은 점점 자신이 진정 누구인지 모르게 되었다. 남자는 단지 모든 것을 옛날 그대로 유지하고 싶어 하는 가부장주의자일 뿐인가? 여자들이 비웃는 '마초'일 뿐인가? 혹은 여자도 남자도 꺼리는 '소프티'Softie(유약하고 여성적인 남자)일 뿐인가? 나는 이 책에서, 성경에 나오는 인물들을 통해 남자가 어떻게 자신의 정체성을 찾을 수 있는지 그 길을 제시하려 한다. 이때 중요한 것은 투쟁과 사랑이라는 양극이다. 투쟁만 하는 사람은 경직되고 무감각해지기 쉽고, 사랑만 하는 사람은 자신의 부드러운 측면이 이끄는 대로 끌려가는 경향이 있다. 남성성에는 이 두 가지 능력 모두 필요하다. 투쟁하는 사람으로서 사랑할 수 있어야 하고, 사랑하는 사람으로서 정복자와 보호자의 자질을 갖추어야 한다. 투쟁이 맹목적인 싸움이 되지 않으려면 사랑이 필요하다.

최근에는 남자로서의 경험에 대해 이야기 나누는 모임이 많이 생겼다. 개신교와 가톨릭에 이런 모임이 있고, 정신과 의사들도 남성 에너지를 계발하기 위한 모임에 남자들을 초대하고 있다. 남자들도 그들끼리 모일 필요가 절실해졌다. 이런 모임에서 남자들은 자신의 불안, 두려움, 약함을 드러내고 여자 앞에서 보이곤 하는 남자 특유의 허세에서 자유로워진다. 보통 나의 모임에는 남자보다 여자가 더 많다. 여자는 영적 문제나 심리 문제에 관해 아주 섬세한 감각을 지니고 있다. 여자들과의 모임도 즐겁지만 남자들의 모임에서는 어떤 남성 에너지가 생겨남을 느낀다. 남자들이 전통적 역할을 벗어던지고 서로에게 진실하게 다가갈 때 남성적 힘이 흘러넘친다.

나는 지난 십이 년간 뮌스터슈바르작 레콜렉티오 하우스에서 사제와 수도자, 남자와 여자를 상담했다. 최근 몇 년 동안에는 남녀 정신과 의사 두 명이 '남녀 주말 모임'을 만들었다. 모임에서는 남녀 두 그룹으로 나누어 각 그룹의 방을 여러 상징물로 장식하고 나서 서로의 방에 초대한다. 항상 흥미진진한 이 주말 모임은 남자와 여자가 어떻게 다른지 분명하게 보여 준다. 우열을 가리자는 것이 아니라 내가 완전한 남자, 완전한 여자일 수 있음을 경험해 보는 것이다.

뮌스터슈바르작 연말 청년 피정(2002년/2003년)에서 마우리티우스 신부는 남자만을 위한 모임을 하나 만들었다. 남자들의 모임은 항상 여자가 대다수인 이 피정에서 처음 만들어진 것이다. 열여섯 살에서 서른 살 사이의 젊은 남자들에게 이는 중요한 경험이었다. 그들은 남자끼리 모여 평소에는 간과했던 자신의 장점에 대해 이야기하고, 서로에게 약한 모습을 보일 기회가 필요했다. 성문제, 여자 앞에서 강한 모습을 보이지 못할까 하는 불안, 자신의 남성성을 표출하는 것에 대한 불안 등을 솔직하게 이야기했다. 이 모임은 오늘날 젊은 남자들이 얼마나 스스로를 신뢰하지 못하는지 보여 주었다. 그들은 여자에게 항상 다정하고 친절해야 한다고 생각하면서 자신이 남자임을 잊고 있었다. 문제를 해결하려고 과감하게 나서고, 스스로를 위해 싸우고, 지도권을 행사하려는 용기를 내지 못하고 있었다. 무엇인가 결핍되었다고 느끼지만 마초나 소프티가 아니라 어떻게 하면 진정한 남자가 될 수 있는지 몰랐다.

내 책은 보통 남자보다는 여자가 많이 읽는다. 그러나 이 책에서 나는 남자 대 남자로 이야기하고 싶다. 나는 사십 년 넘게 남자만의 집단, 남자만 백 명 정도 사는 수도회에서 공동체 생활을 하고 있다. 이러한 남자의 집단은 나름의 장점도 있지만 한편으로는 위험과 일면성도 있다. 남자들이 함께 무언가를 찾아 나설 때는 아주 강한 힘이 생겨난다. 그들은 서로 우리 삶의 진정한 문제에 대해 눈뜨게 해 준다. 팔을 걷어붙이고 그들 앞에 놓여 있는 과제를 해결하러 나설 준비가 되어 있다. 한편, 남자로 이루어진 공동체는 위험성도 안고 있다. 서로를 위하는 마음을 잃어버리고 자신의 일만 하는 것이다. 아버지가 없는 남자들이 수도원에 들어오는 경우가 많다. 그들은 수도원에서 어머니에 대한 고착에서 자신을 해방시켜 줄 강한 어머니를 찾거나, 남자로서 성장하게 해 줄 진정한 아버지를 찾는다. 이렇듯 수도회는 우리 사회의 문제를 반영하고 있다. 알렉산더 미처리히Alexander Mitscherlich는 '아버지 없는 사회'라는 말을 했다. 문제는 오늘날 아버지 없는 남자들이 대리부를 찾고 있다는 것이다. 그들 중 상당수가 강한 남자에게 굴종하고 권위의 허세에 쉽게 눈멀 위험이 있다. 오늘날 우리 사회는 아버지가 필요하다. 젊은이들이 모범으로 삼고, 그들을 지원해 주며 자신만의 남성 에너지를 계발하도록 촉구하는 아버지가 필요하다.

나는 수도회에서 진정한 아버지들을 만나고 경험했다. 남성 공동체가 어느 한쪽으로 모성 에너지의 지배를 받게 되면 수도자들은 서로에게 기대게 된다. 그러면 아무 힘도 발휘하지 못한다. 다행히 나는 공동체에서 아버지의 남성 에너지를 경험했다. 남자들이 우리 시대의 문제들에 대한 답을 찾으려고 함께 노력할 때 매우 수준 높은 창조력이 생겨난다. 과감히 어떤 일에 착수하고 사회를 위해 무엇인가 하고자 하는 의욕이 생긴다. 또한 비전을 펼치고 현실에서 실행할 용기를 가진다. 나는 공동체가 제공하는 잠재적 가능성에 나의 고유한 창조성을 더한다. 이 책에서 나는, 내가 만난 남자들과의 경험과 나 스스로도 남자란 점에서 남자 대 남자로 이야기할 것이다. 무엇인가를 찾는 남자들에게 그들끼리 모이는 것은 좋은 일이다. 이 책이 남자가 되는 길을 찾는 남자들에게 용기를 북돋아 주기를 바란다.

남자의 본질을 호도하는 두 가지 남성상이 있다. 우선 자신의 남자다움을 과시하고, 여자 앞에서 허세를 부리며 자신의 능력을 뽐내는 '마초'가 있다. 마초는 소심하고 극도로 불안해하는 남자, 자신의 가치를 오직 여자를 무시하는 데서만 찾는 남자다. 역시 전혀 도움이 안 되는 또 다른 상像은 '소프티'이다. 칼 융C.G. Jung은 남자들에게 자신의 여성적 측면 '아니마'anima를 수용할 것을 촉구했다. 그러나 어떤 남자들은 이를 너무 심각하게 받아들여 자신이 남자임을 잊어버렸다. 남자의 정체성에 관해 연구한 사회학자 발터 홀슈타인Walter Hollstein은 소프티에게는 어떤 성과도 기대할 수 없고 소프티는 창조적이지 않다고 말한다. "소프티는 여자에게 지루한 상대일 뿐 아니라 사회적으로도 비생산적이다. 그에게서는 힘도 나오지 않고, 아무런 대결도, 열정도, 혁신도 없다"(Hollstein 25). 미국 심리학자들은 소프티들이 자주 무력감을 호소하는 것을 보았다. "그들은 방향감각을 잃고 끊임없이 정체성의 위기를 겪고 있다"(Hollstein 25). 그들은 사회를 개척자 정신으로, 책임감과 도전 정신으로 일궈 나가는 게 아니라 사회에 의존해서 먹고산다.

나는 지난 이십오 년 동안 젊은이들을 위한 영적 프로그램을 지도해 왔다. 연말이나 부활절 강의에 250명이 넘는 청소년들과 젊은 남녀들이 찾아온다. 그중 삼분의 일이 남자다. 그들과 이야기를 나눠 보면 강한 남자들은 없고 자신감 없거나 주눅 들고 우울증에 걸린 이들만 찾아오는 게 아닌가 하는 인상을 받는다. 그들은 모임에서 자신과 자신의 삶을 어떻게 하면 더 잘 꾸려 나갈 수 있을지 그 길을 진지하게 찾고 있었다. 그들에게 영적인 길은 내적으로 좀 더 여유 있고 느긋하게 해 줄 어떤 약속 같은 것이다. 도전이 아니라 편안하게 해 주는 신앙을 찾는다. 세상을 바꿔 보려는 공격적인 남자들은 영성 모임을 잘 찾지 않는다. 오늘날 교회도 그들에게 제대로 다가가지 못한다. 그러나 교회는 이런 공격적인 남자들이 필요하다. 거꾸로 말해 강한 남자에게는 그의 진정한 본질을 만나게 해 주는 신앙이 필요하다. 강한 남자는 그의 성격에 상응하는 남성 에너지를 일깨우고 그 에너지를 사용할 만한 가치가 있는 곳으로 투입하게 하는 신앙을 구한다. 성경은 우리에게 강한 남자들의 이야기를 들려준다. 성경 속 남자들은 영적 교주로 과대포장되는 것이 아니라 삶 한가운데 서서 실수하고 죄짓는다. 그들은 하느님 앞에서, 하느님과 함께 남자가 되는 힘든 길을 걷는다.

이 책에서 나는 남자에게 힘을 줄 수 있는 성경 속 인물 열여덟 명을 소개하려고 한다. 나도 이 열여덟 명을 살펴볼 때면 이들 속에 얼마나 많은 에너지가 숨어 있는지 느끼게 된다. 그들 모두 각자 자신만의 길을 간다. 처음부터 완전한 인물은 없다. 누구나 시험과 실수를 거쳐 배워 나간다. 그들은 자신의 어두운 이면을 만난다. 그럼에도 이 인물들은 내게 본보기가 된다. 심리학자들은 오늘날 본보기가 되는 남자가 없다고 한탄한다. 정치가도 본보기가 못 되고 영화배우나 스포츠 선수도 아니다. 독자들이 이 책의 열여덟 명 모두에게서 자신의 모습을 볼 수는 없겠지만 이들 중에서 자신만의 본보기를 발견했으면 한다. 나는 성경의 인물을 어떤 한 시각에서 관찰할 것이며, 각 인물을 특징짓는 한 원형에 그들을 귀속시킬 것이다. 순서는 성경의 순서를 따른 것일 뿐, 독자는 자신이 흥미롭게 생각하는 장을 자유롭게 선택해 읽으면 좋겠다. 어떤 이는 야성의 남자 세례자 요한 혹은 전사 삼손의 모습이 먼저 필요할 것이고, 어떤 이는 연인부터 읽고 싶어 할지도 모른다. 어떤 남자의 원형이 나를 가장 사로잡는지는 각자의 상황에 달려 있다. 융은 이런 원형들이 우리 안에 숨어 있는 고유한 잠재력과 만나게 해 준다고 했다. 이 원형들은 우리가 점점 더 균형을 잡고 나름의 중심을 찾도록 움직이게 해 줄 것이다. 모든 원형 안에는 잠재력이 있다. 이 책의 원형들은 여자에게도 해당된다. 여자도 지도자이고 자기 안에 전사가 필요하다. 여자도 여왕이며 야성의 여자다. 내가 남자에 관해서만 쓴다고 해서 이 말이 여자에게는 해당되지 않는다고 생각해서는 안 된다. 여자들도 나름의 방식으로 원형적 상을 실현할 것이고 부분적으로는 남자와 여자 모두에게 해당되는 동일한 원형이 있다. 또한 여자에게만 해당되는 원형도 있다. 이에 관한 여자를 위한 책은 내 여동생과 함께 쓰려고 한다.

어떤 남자도 한 가지 원형에 고정시킬 수는 없다. 누구나 자신 안에 다양한 원형의 모습을 지니고 살아가고 각자에게 원형은 다른 방식으로 형성된다. 성경 속 인물들도 그의 구체적 삶과 발전사와 함께 살펴보는 것이 중요하다. 성경 속 인물들이 완벽한 남자의 모습만을 보여 주는 것은 아니다. 이는 시사하는 바가 크다. 위대한 남자를 묘사할 때 성경은 그들의 약점과 어두운 면도 가차없이 들춘다. 이는 독자에게 위안을 준다. 성경 속 남자들은 대결과 위험에서 벗어나지 못한다. 그들은 자신의 성격 탓에 함정에 빠지거나 외부의 결정을 따르고 거기에 순응하려는 유혹에 빠진다. 강점과 약점, 빛과 그림자, 신뢰와 두려움, 사랑과 증오의 대결 속에서 남자는 시험을 통과해야 한다. 패배할 수 있다는 것을 알지만 남자는 대결과 투쟁을 찾는다. 남자는 너무 안전한 길은 싫어한다. 성경은 남자가 되는 길을 보여 준다. 그 길은 위험과 모험으로 가득하다. 이 길이 독자에게 매력적으로 다가가 그들 안의 남성 에너지를 일깨우길 바란다.

아담 | 남자와 여자

아담은 본디 남자가 아니라 인간 자체였다. 하느님은 흙으로 사람을 빚으셨다. 아담이란 말은 '아다마'Adama(흙, 땅)에서 왔다. 이렇듯 인간은 땅과 깊이 연결되어 있다. 인간은 흙에서 나서 흙으로 돌아간다. 흙으로 빚어진 아담에게 하느님의 생명의 숨이 더해진다. 즉, 인간에게는 신성이 있는 것이다. 성경에는 인간 창조에 관한 두 가지 기록이 있다. 그중 시간적으로 앞서 기록된 것은 창세기 2장에 나온다. 하느님은 한처음 땅을 만드셨다. 아직 아무 열매도 내지 못한 땅에 하느님은 인간을 빚으시고 그에게 생명의 숨을 불어넣으셨다. 그러자 "사람이 생명체가 되었다"(창세 2,7). 하느님은 인간을 위해 동산을 만드신다. 인간에게 나무와 열매를 즐기게 해 주셨다. 동시에 인간은 동산을 돌볼 책임을 진다. 하느님은 온갖 동물을 만드시고 인간에게 데리고 오신다. 인간은 동물에게 이름을 붙인다. 그러나 인간은 외로움을 느낀다. "그는 사람인 자기에게 알맞은 협력자를 찾지 못하였다"(창세 2,20). 하느님은 아담의 갈비뼈로 여자를 지으신다. 그녀에 대해 아담은 말한다. "'이야말로 내 뼈에서 나온 뼈요 내 살에서 나온 살이로구나! 남자에게서 나왔으니 여자라 불리리라.' 그러므로 남자는 아버지와 어머니를 떠나 아내와 결합하여, 둘이 한 몸이 된다. 사람과 그 아내는 둘 다 알몸이면서도 부끄러워하지 않았다"(창세 2,23-25).

이 이야기가 나를 매혹시키는 점은 남자와 여자가 서로 연결되어 있다는 점이다. 둘은 하나의 내적 통일체를 이룬다. 남자는 여자를 갈구한다. 남자는 여자와 좋은 관계를 맺을 때만 온전한 자신을 찾을 수 있다. 남자와 여자는 서로 보완한다. 이 책에서는 남자에 대해서만 쓰지만 여자와의 관계를 고려하지 않고 어떻게 남자를 이야기할 수 있겠는가. 아담과 이브의 이야기에서는 내적 통일성이나 결합뿐만 아니라, 인류의 전 역사를 관통하고 있는 양성 간의 투쟁의 원인도 드러난다. 남자는 여자를 자신과 동등한 지위와 가치를 지닌 존재로 인정할 때, 그녀에게 영감을 얻을 때 비로소 완전한 남자가 된다. 이는 남자가 자신 안의 여자, 융의 개념으로는 인간 영혼의 여성성을 일컫는 '아니마'와 접촉할 때 가능하다.

아담과 이브는 알몸이지만 부끄러워하지 않았다. 그들은 서로 존중하고 서로를 보여 준다. 상대에게 자신을 감출 필요가 없다. 권력 싸움도, 잘난 체하거나 비난할 필요도 없다. 그러나 이런 조화로운 상태는 오래가지 못한다. 성경은 이브를 유혹한 뱀의 이야기를 전한다. 뱀은 하느님이 먹지 말라고 한 열매를 따 먹으라고 이브를 유혹한다. 오랫동안 이 이야기를 주제로 다룬 동화가 많이 있었다. 동화에서 여자는 특정한 공간에 들어갈 수 없다. 바로 이 금기가 들어가 보고 싶게 유혹해 결국 화가 미친다. 동화는 이 금기를 깨는 것을 새로운 발전의 전제라고 본다.

그러나 성경은 오히려 퇴보를 서술하고 있다. "여자가 열매 하나를 따서 먹고 자기와 함께 있는 남편에게도 주자, 그도 그것을 먹었다. 그러자 그 둘은 눈이 열려 자기들이 알몸인 것을 알고, 무화과나무 잎을 엮어서 두렁이를 만들어 입었다. 그들은 주 하느님께서 저녁 산들바람 속에 동산을 거니시는 소리를 들었다. 사람과 그 아내는 주 하느님 앞을 피하여 동산 나무 사이에 숨었다"(창세 3,6-8). 이 이야기는 다양하게 해석할 수 있다. 심리학적으로 볼 때 인식의 나무 열매를 따 먹는 것을 의식화의 행동으로 이해하는 융의 해석이 설득력 있다. 아담과 이브에게 이는 인간이 되는 도정道程에서 꼭 필요한 한 걸음이었다. 인간은 에덴 동산에서 쫓겨나 낙원의 빛과 그림자 양면을 알게 되고 선과 악을 구분할 수 있게 된다.

이 이야기에서 특히 흥미로운 점은 남자가 여자에게 잘못을 전가하는 것과 하느님과 여자 앞에서 자신을 숨기는 것이다. 나는 이것이 바로 수백 년 동안 계속된 계몽과 평등 운동에도 불구하고 오늘날에도 여전히 지속되는 양성 간 투쟁의 원인이라고 생각한다. 하느님께서 아담에게 묻는다. "너 어디 있느냐?"(창세 3,9). 아담이 대답한다. "동산에서 당신의 소리를 듣고 제가 알몸이기 때문에 두려워 숨었습니다"(창세 3,10). 아담은 있는 그대로 하느님 앞에 내보이기 두려워 하느님을 피해 숨는다. 이렇게 아담은 자신의 진실을 말하고 있다. 남자들은 흔히 자신의 진실을 외면하고 그것을 하느님께 보이기 힘들어한다. 허세 뒤에 숨으려고 한다. 하느님의 물음은 오늘날 그 어떤 때보다도 더 절실하다. 모든 남자는 하느님께 질문을 받는다. "너 어디 있느냐? 너는 온전한 너 자신이냐? 너는 무슨 생각을 하고 있느냐? 너는 너 자신을 있는 그대로 인정할 수 있느냐?"

자신에게 이런 질문을 던질 수 있는 남자만 남자가 될 수 있다. 나는 하느님의 물음이 남자의 통과의례이고, 남자가 되기 위한 훈련에서 아주 중요한 질문이라고 생각한다. 나 스스로에게 물어보자. 나는 어디에 있고, 나는 어떤 사람이며, 나는 무엇인가. 더 이상 숨어서는 안 된다. 벌거벗은 나를 직시할 때, 모순에 가득 차고 강하면서 약하고 의욕에 넘치면서 비겁하고 회피하는 그대로의 나를 받아들일 때, 그때 비로소 나는 남자로 성장할 수 있다.

하느님이 아담에게 금단의 열매를 먹었느냐고 물었을 때 아담은 죄를 이브에게 전가한다. "당신께서 저와 함께 살라고 주신 여자가 그 나무 열매를 저에게 주기에 제가 먹었습니다"(창세 3,12). 이런 성향을 가진 남자가 많다. 그들은 자신의 죄를 부인하고 다른 사람에게 떠넘긴다. 궁극적으로 아담은 하느님에게 죄를 떠넘긴다. "여자를 보낸 것은 하느님이지 않은가. 내가 무슨 죄가 있는가" 이렇게 자신의 행동에 책임지는 것을 거부한다. 남자는 여자를 갈구하면서도 자신 안에 있는 여자를 두려워한다. 스스로 문제를 해결할 수 없을 때는 여자에게 모든 잘못을 떠넘긴다. 남자는 여자에게 어떤 동경을 가지고 있다. 그는 여자와 하나 될 때 자신과도 하나가 된다. 그러면서 여자와의 관계에서 내적 분열도 경험한다. 이 분열이 그로 하여금 여자를 모든 악의 근원으로 여기게 한다.

이 짧은 이야기에 오랜 세월에 걸쳐 지속되어 온 양성 간 싸움의 역사가 들어 있다. 매혹과 저주는 뒤바뀌며, 권력투쟁과 모욕, 서로에 대한 두려움이 남자와 여자 사이의 관계를 규정한다. 남자가 되는 과정에서, 남자는 여자에 대한 무의식적 두려움을 극복하고 자신의 여성적인 면 '아니마'와 접촉하는 것이 중요하다. 융은 아니마를 내재화하느냐, 못하느냐를 남자의 결정적 발전 단계로 본다. 동시에 남자가 자신의 문제를 여자에게 투사해 여자에게 잘못을 떠넘기지 않기 위한 전제로 본다.

인간을 창조하신 이야기 중 뒤에 기록된 것은 창세기 1장에 나온다. 하느님은 엿샛날에 인간을 만드신다. "하느님께서 말씀하셨다. '우리와 비슷하게 우리 모습으로 사람을 만들자.' … 하느님께서는 이렇게 당신의 모습으로 사람을 창조하셨다. 하느님의 모습으로 사람을 창조하시되 남자와 여자로 그들을 창조하셨다"(창세 1,26-27). 인간은 바로 남자와 여자라는 이중성에서 하느님을 닮아 있다. 그리스 교부들은 창세기의 이 구절을 깊이 생각했다. 그들은 히브리어 성경에 사용된 '모습'(selem)과 '비슷함'($d^e mût$)을 각각 그리스어 '에이콘'eikon과 '호모이오시스'homoiosis로 옮겼고, 여기서부터 그들의 신학을 전개했다. 인간은 본디 하느님의 모습에 따라 창조되었다. 그의 임무는 어떻게든 하느님과 닮도록 노력하는 데 있다. 그러므로 '비슷함'이란 단어는 인간의 목표를 말해 준다. 인간은 항상 하느님과 닮도록 노력해야 하며 하느님처럼 되어야 한다. 이것이 인간의 소명이다. 남자는 창조주와 닮았다. 바로 여기에 남자의 본질과 남자의 드높은 가치가 있다. 남자는 하느님처럼 창조적이며 하느님과 닮도록 노력해야 한다. 이 창세기 구절에서 분명히 드러나는 것이 한 가지 더 있다. 남자가 하느님과 닮아 가려면 그가 여자와의 관계를 분명히 해야 한다는 것이다. 그 관계를 하느님이 본디 바라셨던 대로 만들어 가야 한다. 종속이 아닌 평등, 경멸이 아닌 존중, 대립이 아닌 공존, 분열이 아닌 합일이다.

천지창조 이야기에서 중요하다고 여겨지는 남자의 한 측면을 다루어 보자. 여자와의 관계에서 남자는 항상 자신을 성적 존재로 느낀다. 남자의 성에 관해 다루지 않고는 어떻게 남자가 되는가에 대해 이야기할 수 없다. 남자들은 그들의 성을 형성하는 데 교회가 도움이 된다는 것을 믿지 않는다. 교회가 성을 죄악시하거나 통제하려 드는 것을 자주 경험했던 탓이다. 남자들은 성에 대해 터놓고 이야기하고 싶어 한다. 그들은 교회가 성을 보는 시각에 흔히 끼어드는 도덕성을 싫어한다. 성경에서는 남자의 성에 대해 아무 선입견 없이 이야기한다. 성경의 언어가 아직 로마의 성도덕에 영향을 받지 않았을 뿐이다.

　아담의 성은 여자와 한 몸이 되려는 욕망에서 드러난다. 남자와 여자는 알몸이지만 서로 부끄러워하지 않는다. 즉, 아담은 자신의 성에 대해 건강한 태도를 갖고 있다. 그러나 낙원에서 추방된 이후 벌거벗음을 부끄러워한다. 여기에 남자들이 갖고 있는 성에 대한 이중 태도가 잘 드러난다. 자신의 성적 능력에 대해 늘 비상한 관심을 기울이는 남자가 많다. 그들은 자신의 성적 무용담에 대해 허풍을 늘어놓지 않고는 못 배긴다. 그러나 사실 그 허풍 뒤에는 자신의 성에 대한 깊은 불안이 도사리고 있다. 남자들이 그들끼리만 있으면 자신의 성문제에 대해 솔직하게 이야기하는 경우도 가끔 있다. 청소년들은 넘쳐 나는 성적 에너지를 어떻게 통제해야 할지 모른다. 그들은 성을 힘과 쾌락의 원천으로 경험한다. 교육은 가장 중요한 삶의 에너지를 솔직히 인정하고 그로부터 삶을 이끌어 내는 것을 종종 불가능하게 한다. 흔히 성이란 은밀히 뒤에서만 이야기할 수 있는 것이라고 생각한다. 남자들이 솔직하게 자신의 성경험을 나눈다면 도움이 될 것이다. 그러면 남자들은 자신이 성적인 면에서 그리 훌륭하지 못하고, 여자의 기대를 충족시켜 줄 수 없을지도 모른다는 불안감에 대해 솔직하게 털어놓을 엄두를 내게 된다. 자위에 대한 문제도 이야기할 수 있을 것이다. 모든 계몽적 성교육에도 불구하고 그들은 자위 문제를 어떻게 풀어야 할지 모른다. 통계에 따르면 성인 남자의 98퍼센트가 자위를 한다. 어떤 이는 드물게, 어떤 이는 자주 할 뿐이다. 남자들은 이 문제에 관해 이야기하는 것을 꺼린다. 어떤 이들에게는 죄의식과 결부되고, 어떤 이들에겐 여자와의 관계가 욕구를 완전히 충족시켜 주지 못한다는 고백이기 때문이다. 옳고 그름을 판단하려 들지 말고 자위를 자신의 성문제 해결을 위한 시도로 보는 것이 중요하다. 그때 비로소 성문제에 대한 다른 접근 방식이 있는지 찾을 수 있다.

남자는 나이가 들면 성적 에너지를 다른 분야로 유도하는 창조성을 발견한다. 어떤 이들에게는 성적 에너지가 영성으로 전환된다. 지그문트 프로이트Sigmund Freud는 성을 문화의 중요한 원천으로 본다. 성은 자신의 몸을 알아 가고 모든 감각으로 자신을 느끼는 한 방법이다. 성은 모든 관계로 흘러 들어가는 에로틱한 힘이 솟아나는 원천이다. 이 힘은 관계가 지루해지지 않도록 해 주고 생동감과 다양함을 준다. 성은 흘러들고 나오며 상대와 나 사이를 오가는 에로스를 즐길 수 있게 해 준다.

남자가 자신의 성정체성에 대해 깊이 생각하는 것은 중요하다. 자신이 이성애자인지 동성애자인지 분명히 알아야 한다. 이 경계는 때로 유동적이다. 양성애적인 남자도 많다. 자신의 성정체성을 아는 것은 스스로를 남자로 받아들이는 데 결정적 전제 조건이 된다. 여기서도 마찬가지, 판단은 유보하는 것이 좋다. 모든 남자는 동성애자든 이성애자든 자신만의 특성과 강점, 위험성도 함께 지니고 있다. 최근 몇 년간 동성애자들은 이성애자보다 더 강하게 자신의 남성성을 추구했다. 그들은 동성애적 기질에 대해 구구절절 변명하지 않았다. 자신이 남자임을 즐겼다. 몸을 의식하며 자신과 자신의 본질을 몸으로 표출했다. 그들은 미적 감수성이 뛰어나고 영성에 열려 있다.

이 책이 남자다움을 말할 때는 동성애적 남자와 이성애적 남자 모두를 염두에 두고 있다. 나는 동성애적 남자들이 교회로부터 상처받았다고 느낀다는 것을 잘 알고 있다. 동성애는 순리에 어긋난다는 말을 그들은 너무 자주 들어 왔다. 이런 평가는 잘못되었다. 동성애의 원인은 교육, 어머니에 대한 지나친 고착, 성경험, 유전적 형질 등 다양하다. 결국 한 남자 혹은 여자가 왜 동성애자가 되는지는 알 수 없다. 중요한 것은 동성애자가 자신의 성향과 화해하고 그로부터 최대한을 끌어내는 것이다. 이는 곧 동성애 성향을 인간답게 살아가는 방법으로 삼는 것이다.

낙원에서 아담과 이브는 벌거벗고 있지만 부끄러움을 모른다. 에덴동산에서 쫓겨난 뒤 벌거벗었다는 것을 알게 된다. 두려운 아담은 하느님을 피해 숨는다. 부끄러워서 무화과나무 잎으로 몸을 가린다. 심리학자들은 특히 부끄러움이란 주제에 대해 주목할 만한 것을 많이 썼다. 부끄러움이란 자신을 있는 그대로 내보이기 꺼리는 것이다. 부끄러움의 본질 중 하나는 성적 수치심이다. 벌거벗은 것이 부끄러워 옷으로 가리려 한다. 부끄러움은 항상 보호의 필요와 관련 있다. 다른 사람의 욕망 어린 시선에서 자신을 보호하는 것이다. 부끄러움은 벌거벗은 상태 그대로 자신을 받아들이지 않는다는 표현이기도 하다. 우리는 자신과 하느님, 그리고 다른 사람들에게서 숨고 싶어 한다. 남자들이 서로 자신의 부끄러움을 고백하고, 있는 모습 그대로 보이면 홀연히 커다란 신뢰감이 생겨난다. 있는 그대로의 모습을 인정할 수 있게 된다. 그러면 거짓된 모습을 보이려고 옷을 입지 않아도 된다. 그들은 과감하게 자신의 약점을 드러낸다. 성이 아무리 아름답고 매혹적이라 해도 다칠 수 있다. 누군가 다른 사람의 성을 비웃으면 그는 깊은 상처를 받는다. 자신의 성에 대해 솔직하게 이야기하고 서로를 존경하는 남자들의 모임에서 낙원과 같은 모습을 보았다. "사람과 그 아내는 둘 다 알몸이면서도 부끄러워하지 않았다"(창세 2,25).

생물학적으로 남자의 성은 깊은 의미가 있다. 남자는 정자 보유자다. 정자는 헤엄쳐 아이를 만든다. 남자는 본질적으로 창조적이다. 남자의 성은 창조적 에너지다. 남자는 생물학적 의미로 아버지가 되고 아이를 만들려고 하고, 혹은 정신적 방식으로 이루려고 한다. 에릭 에릭손Erik Erikson은 '생성'(Generativität) 또는 '생식력'(Zeugungskraft)이란 말을 쓴다. 남자는 무엇인가 창조할 때 남자로서 가장 편안함을 느낀다. 나에게 글쓰기는 창조적 에너지가 흐르는 영역이다. 다른 이들에게는 그리기나 사회 단체를 만드는 것이 될 것이다. '남근적 에너지'가 없으면 남자는 지루해하고 결국은 아무것도 이룰 수 없게 된다. 그러므로 남자가 되기 위해서는 나의 성을 대하는 바람직한 방법을 배워야 한다. 배우는 과정에서는 항상 실수하고 잘못할 수밖에 없다. 성을 삶의 청사진과 통합시키기 위해 나만의 방식을 발견해야 한다. 자신의 성에 대해 허세를 부려야 한다는 것이 결코 아니다. 그 배후에는 때때로 커다란 불안감이 숨어 있다. 장 바니에 Jean Vanier(장애인과 비장애인으로 구성된 공동체 라르슈L'Arche의 설립자)는 리처드 로어Richard Rohr에게 이런 말을 했다. "실제로 서구의 모든 사람은 두 가지 근본적 고통을 겪고 있는데, 하나는 성생활 장애이고 다른 하나는 뿌리 깊은 권위의 문제다"(Rohr, *Der wilde Mann* 59). 이 두 문제는 서로 연관이 있는 듯하다. 많은 남자가 아버지에게 남성다움과 성으로 입문하는 가르침을 제대로 받지 못한 탓에 그들은 성을 어떻게 해야 할지 모른다. 그리고 그들은 아버지와 진정한 관계를 구축하지 못했다. 아버지의 부재라는 상처가 있는 남자들은 항상 권위주의의 문제를 안고 있다. 사회적으로 성공한 남자들과도 솔직하게 대화를 나누다 보면 어느덧 성에 관한 이야기가 나오게 마련이다. 남자들에게 성은 매력적이지만 동시에 불안하고 일시적이다. 우리가 의도하는 대로 성을 다루기가 쉽지 않다. 우리가 솔직하게 서로 이야기하면 자신과 남들에게 숨어 있던 성이 드러난다. 그리하여 우리는 성을 대하는 적절한 방법을 배우게 된다.

아브라함 | 순례자

아브라함은 신앙의 아버지라 불린다. 그의 신앙은 나라, 가족, 부모로부터 떠나면서 드러난다. 이러한 떠남은 수도생활에서 신앙의 도정을 나타내는 상일 뿐 아니라, 자아실현의 여정을 나타내는 상이기도 하다. 진정한 자아에 도달하고자 하는 사람은 모든 의존과 고착에서 떠나야 한다. 무엇보다 첫째, 아버지와 어머니에 대한 의존에서 벗어나야 한다. 부모 없이 성장할 수 없지만, 부모에게서 벗어나지 못해도 인간으로 성장할 수 없다. 성인이 되어도 부모에게 의존하는 사람은 결코 자신의 고유한 삶을 살 수 없다. 부모의 집을 떠난다는 외적 독립이 아니라 내면화된 부모의 상에서 내적으로 자유로워져야 한다. 어머니에게 고착된 아들은 전형적 마마보이로 성장하고 남자의 정체성을 찾기 힘들다. 여자와의 관계에서도 항상 응석을 받아 주는 어머니를 찾으려고 할 것이다. 그는 진정한 파트너 관계를 가질 능력이 없다. 아버지에게 자신도 아버지처럼 강하고 능력 있다는 것을 증명해 보여야 하는 남자도 자신의 고유한 삶을 찾을 수 없다. 늘 아버지를 모방하기만 하고 결국에는 아무것도 이루지 못한다. 그에게서는 어떤 성과도 기대하기 힘들다. 직장에서나 사람들과의 관계에서 아버지와의 문제를 해소하려 할 것이다. 그는 사람들과 올바른 관계를 맺지 못한다. 아버지 콤플렉스를 해소하는 데 사람들을 이용한다.

둘째, 과거의 감정에서 떠나야 한다. 어린 시절을 절대적으로 미화하는 남자들이 있다. 그들은 어릴 적 즐거웠던 성탄절이나 부엌에서 어머니 곁에 있을 때 느꼈던 안정감을 그리워한다. 이들은 과거 지향적이다. 궁극적으로는 어린 시절 순수했던 세계를 그리워한다. 아버지가 되면 이 안정감을 되살리려 하고 자녀들이 자신의 노력에 감사하지 않으면 실망한다. 우리는 부모에게 어린 시절에 대한 감사의 마음을 표현할 수는 있지만, 고통스럽거나 아름다운 과거의 감정에서 벗어나야 한다. 과거의 감정에서 떠난다는 것은 상처를 극복하는 것이고, 삶의 책임을 다른 사람에게 떠넘기려 하지 않고 스스로 자신을 책임진다는 것을 의미한다. 그래야만 비로소 우리는 현재에 집중할 수 있고 삶의 도전에 맞서 나갈 수 있다.

셋째, 남자는 보이는 것들에서 떠나야 한다. 남자가 되는 여정은 궁극적으로는 항상 영적인 길이기도 하다. 성공, 재산, 애써 얻은 명성 같은 안주하고 싶은 모든 것에서 떠나야 한다. 우리 삶은 끊임없이 '움직이고 있다'. 멈춰 있으면 안 된다. 우리가 이룩한 것들에 안주하면 안 된다. 남자들은 내적인 길을 걸어가야 할 때도 성공에 안주하거나 외적인 것에 집착하려는 위험을 안고 있다. 남자는 여자보다 쉽게 감정과 상처를 외면한다. 남자는 꿈이나 내적 감성에 대해서는 신경 쓸 필요가 없다고 말한다. 겉으로 볼 때 잘 돌아가면 그만인 것이다. 그러나 단순히 잘 돌아간다는 것은 내적 정지 상태의 대가로 얻어진 것이다. 그러다 갑자기 일이 잘 풀리지 않으면 남자는 경직되고 자신과 타인에게 무자비하게 된다.

성경은 아브라함을 남자의 이상향으로 그리지 않는다. 성경은 그의 이면도 보여 준다. 동화나 신화에 등장하는 한 남자의 영웅적 일대기를 보면 삶의 길에서 자신의 이면과 만나는 대목이 항상 나온다. 주인공은 실패하고 실수한다. 성경은 아브라함이 성숙해 가는 과정을 그리면서 일련의 장면들을 나열한다. 이 장면들에서 우리는 어떤 내적 발전 과정을 볼 수 있다. 우리는 아브라함이 겪는 많은 위험을 본다. 아브라함은 실패와 실수를 통해 배우는 순례자다. 이를 통해 그는 신앙의 모태, 이스라엘 민족이 늘 이야기하고 모범으로 삼는 이스라엘 민족의 원조가 될 수 있었다.

순례자의 이면은 부인 사라와 하녀 하가르에 대한 관계에서 드러난다. 당시에는 한 남자에게 아내가 두 명인 것은 흔한 일이었다. 남편 아브라함더러 하녀에게서 아이를 얻으라고 하는 사람은 바로 부인 사라다. 사라와 하가르에게서 여자의 두 측면을 볼 수 있다. 여주인 사라는 아브라함과 동등한 권리를 지닌 여자다. 하가르는 하녀다. 어떤 남자는 여주인보다 차라리 하녀와 결혼하고 싶어 한다. 이들은 여주인보다 열등할까 봐 두려워한다. 이집트에서 아브라함은 파라오에게 사라를 여동생이라고 속인다. 아내를 뺏길 수도 있는 상황에서 그녀를 이용한 것이다. 남편이 자신의 목적을 위해 아내를 이용하는 한 그녀는 그의 아이를 낳아 줄 수 없다. 세 남자가 방문해 아브라함의 편을 들어주고 나서야 비로소 사라에게서 아이를 얻을 수 있게 된다. 사라는 남편이 임신시킬 수 없을 거라고 생각했다. 오늘날 이와 비슷한 문제가 있는 남자가 많다. 생물학자들은 남자의 정자가 점점 능력을 잃어 가고 있다고 말한다. 생식불능에 괴로워하는 남자가 많다. 아브라함이 아이를 낳기 위해서는 세 남자의 남성 에너지가 필요했다. 이렇듯 남자에게는 뒤를 받쳐 주고, 자신의 힘과 연결시켜 줄 남자들의 공동체가 필요하다.

사라는 하녀 하가르와 아들 이스마엘을 쫓아내라고 아브라함을 다그친다. 아브라함은 이들을 돕지 않고 배신한다. 그는 이들을 진심으로 대하기에는 너무 비겁했다. 자기 안에 순례자만 키우는 사람은 부인과 자녀들에 대한 의무를 다하지 못한다. 이런 모습은 아들 이사악을 희생양으로 바치는 충격적인 이야기에서도 드러난다. 아브라함은 이스마엘을 내쫓고 이사악을 하느님께 번제물로 바치려고 한다. 그러나 주님의 천사가 막는다. 두 아들은 아버지에게 버려졌다는 사실에 괴로워한다. 순례자는 자녀들이 원하는 안정감을 주지 못한다. 늘 떠돌아다니는 사람은 가족 또는 자신이 속한 집단에 대한 책임을 저버리는 사람이다. 오늘날 자신이 영적인 길을 가고 있다고 주장하는 남자들이 있다. 그러나 정작 곁에 있는 사람들에게는 얼마나 무책임한지는 깨닫지 못하고 있다. 바로 이것이 순례자의 이면이다. 떠돌아다니느라 주위 사람들이 얼마나 그를 필요로 하고 있는지에 대해서는 눈이 멀게 된다.

  아버지가 아들 이사악을 희생양으로 바치는 것을 다양하게 해석할 수 있다. 그 가운데 하나는 아브라함에게 아들을 바치라고 명령한 것은 하느님이 아니라 그의 잘못된 하느님 상이다. 아브라함이 아들을 죽이려 할 때 주님의 천사가 막는다. 천사는 아브라함에게 하느님의 다른 모습을 가르쳐 준다. 이 장면을 심리학적으로도 해석할 수 있다. 자신의 아들을 없애 버리려는 경향이 숨어 있는 아버지가 많다는 사실이다. 아버지는 때로 아들을 경쟁자로 느낀다. 바로 남편보다 아들에게 더 관심을 기울이는 아내와의 관계에서 그렇다. 아들에게서 자신이 이루지 못한 소망이나, 참고 억눌러야만 했던 것들을 떠올리는 아버지도 있다. 이는 아버지가 아들을 거부하는 것으로 이어지고 육체적 학대로 표현되기도 한다. 어머니가 말리지 않았더라면 아버지에게 맞아 죽을 뻔했다고 말하는 아들을 본 적이 있다. 아버지가 아들을 죽이는 테마는 그리스신화에도 있다. 세계를 지배하는 가장 힘센 거인 크로노스는 누이 레아를 아내로 맞아 올림푸스의 신들, 제우스, 하데스, 포세이돈, 헤스티아, 데메테르, 헤라를 낳는다. 아들에게 왕위를 빼앗길 것이라는 예언을 두려워한 크로노스는 아이가 태어나자마자 잡아먹는다. 그러나 레아는 제우스가 태어나자 기저귀에 돌을 감싸 그에게 주어 제우스는 살아남는다. 이사악의 이야기를 그리스 신화와 비교해 보면 아버지가 아들을 희생양으로 바치는 동기를 볼 수 있다. 바로 아들에게 권좌를 빼앗길지도 모른다는 불안이다. 신화는 시대를 초월한다. 오늘날에도 아들에게 자리를 빼앗기지 않을까 하는 불안 때문에 아버지로서 아들을 돕지 못하는 경우가 많다.

아브라함은 사라에게 복수하려고 사라와 낳은 아들 이사악을 바치려 한 것 같다. 사라는 아브라함에게 그의 아들 이스마엘을 내쫓으라고 몰아세웠다. 이제 아버지는 어머니의 아들을 희생양으로 바치려고 한다. 마마보이 아들을 참지 못하는 아버지들이 있다. 아버지는 남성적이지 않은 아들을 거부하고 무시한다. 이는 아들을 희생양으로 바치는 것과 다르지 않다. 이런 아들은 남자로서의 정체성을 찾기 힘들다. 점점 더 어머니 품으로 기어 들어간다. 이는 결국 아들의 죽음을 의미한다. 아브라함은 자신이 무슨 일을 하는지 모르면서 그 일을 한다. 남자는 종교적 신념을 내세우면서 너무도 쉽게 맹목적인 일을 저지르기도 한다. 이런 행동은 매우 위험하다. 아브라함은 하느님이 희생양을 요구했다고 주장한다. 하느님을 빌려 아들에 대한 자신의 공격성을 정당화한다. 개인의 원한을 이렇듯 종교적으로 치장하는 사례를 아버지와 아들과의 관계에서 자주 볼 수 있다. 아버지는 신의 뜻에 따라 훈육한다고 주장한다. 그렇게 하지 않으면 아들이 규율을 배우지 못할 것이라고 생각한다. 하지만 누가 신의 뜻을 간파하겠는가. 아버지 스스로 아들의 목숨을 내놓지 못하도록 천사가 필요한지도 모른다.

아브라함이 하느님의 부름을 받아 고향을 떠난 것은 아니다. 그는 평생 동안 떠남을 거듭해야 했다. 자신에 대해 스스로 만들었던 상에서 떠나야 했다. 그는 용감한 전사였지만 목숨이 위태로울 때는 비겁하고 계산적인 사람이었다. 자신의 안위를 위해 아내조차 이용했다. 그는 아내에 대해, 아니, 여자에 대해 자신이 만든 상과 결별해야 했다. 남자는 여자에 대한 유아적 상과 결별할 때, 여자를 동등한 파트너로 대할 때 비로소 남자로 성장할 수 있다. 아브라함은 자신이 만든 하느님상에서도 떠나야 했다. 하느님은 희생을 요구하지 않는다. 우리의 진심과 사랑을 원한다. 무엇보다 아들을 바치라고 할 하느님이 아니다. 여기서 아들은 실제 아들이 아니라 한 남자 안에 있는 새로움과 신선함, 내 안에 있는 아이, 근원적인 것, 나에게서 분출해 나오는 진실에 대한 은유다. 온전한 내가 되기 위해서는 일정한 틀에 나를 몰아넣는 하느님상에서 벗어나야 한다. 하느님이 내 안에 자리해 삶을 이끌도록 하려면 완벽하고 엄하고 무자비한 하느님상과 결별해야 한다.

아브라함은 순례자의 원형이다. "순례자는 변화의 원형이다. 새로운 세계를 찾아 떠날 때 우리 마음에 나타나는 상이다"(Arnold 125). 순례자는 삶의 근원적 물음에 대한 답을 알지 못한다고 고백하는 사람이다. 그는 답을 찾으려고 떠난다. 때로는 이런 순례자의 원형이 남자를 사로잡는다. 그는 이제껏 친숙했던 모든 것에서 떠난다. 중세에는 그야말로 열병 같은 순례의 물결이 있었다. 산티아고 데 콤포스텔라 Santiago de Compostela로 떠나려고 집을 나서는 남자들이 많았다. 이 순례의 여정은 아홉 달이나 걸렸다. 남자들이 순례에서 돌아오면 새 사람이 된 것 같았다. 이 순례병에 너무 많은 남자가 사로잡혀 왕은 이 순례를 금지하는 명령을 내렸다. 오늘날 이와 같은 순례가 다시 나타나고 있다. 산티아고로 향한 길에는 내적 동경을 좇아 여러 나라에서 길을 나선 수많은 남자와 여자가 있다.

친숙한 것에서, 자신이 이룩한 것에서 떠나기 위해 남자는 항상 순례자의 원형과 접하고 있어야 한다. 그렇지 않으면 남자는 내적으로 경직된다. 현상 유지를 위해서만 에너지를 쏟아 부어 모든 것이 발전 없는 답보 상태에 머무른다.

살아 있음을 느끼려면 자신 안에 순례자가 있어야 한다. 그래야만 내적으로나 외적으로 변화의 과정에 있을 수 있다. 수많은 영성 서적에서 영적인 길을 순례의 길로 묘사하는 것은 우연이 아니다. 영적으로 깨어 있고자 하는 사람은 하느님께 가는 순례의 길을 떠나야 한다. 하느님을 재산처럼 소유하는 것이 아니라 하느님에게 나아가야 한다. 나아가면서 경험할 것이며 방랑하면서 변하게 된다. 방랑하면서 하느님이 온전히 자신 안에 들어올 수 있도록 변화할 것이다.

여행이나 달리기는 직장에서 받는 걱정이나 문제에서 내적으로 해방되는 좋은 방법이다. 자신을 괴롭히는 압박감이나 스트레스에서 벗어나는 데 도움이 된다. 쇠렌 키르케고르Søren Kierkegaard는 이런 방법을 통해 벗어날 수 없는 걱정거리는 없다고 했다. 어떤 남자들은 한자리에 앉아 명상을 통해 집착하는 모든 것을 떠나보냄으로써 자유의 길을 간다. 또 어떤 남자들은 방랑을 택한다. 그들은 내적으로 변하기 위해 육체적 운동을 한다. 어떤 길을 택하든 중요한 것은 그가 늘 떠난다는 것, 새 출발 한다는 것, 그 길에서 자신이 어디로 가고 있는지 늘 의식한다는 것이다. 노발리스Novalis는 "우리는 대체 어디로 가는가? 우리는 항상 집으로 간다"고 했다. 순례자는 자신의 이면도 함께 의식해야 한다. 그렇지 않으면 그가 맡은 사람들에 대한 책임을 거부하는 것이다. 그의 주위에는 부모가 돌보지 못한 버려진 아이들만 남게 될지도 모른다.

이사악 | 아버지 없는 자

이사악은 위대한 아브라함의 아들이다. 위대한 아버지를 둔 아들은 늘 힘들다. 사회적으로 성공한 남자는 대개 집에 없다. 아들은 자신에게 아버지가 없는 것만 같다. 신문을 통해 자신의 아버지가 얼마나 중요한 사람인지 알지만 가정에서 아버지는 오히려 약한 존재다. 순례자의 원형대로 살아가는 어버지는 아들에게 기둥이 되어 주지 못한다. 그래서 아들은 다른 고향을 찾게 된다. 길을 떠나는 대신 규범이나 제도에 기댄다. 그는 아버지의 그림자를 보고 사는 것이다. 아버지가 없는 남자들은 보통 종교에서 안식을 찾고 잃어버린 낙원에 대한 유아적 욕망을 충족하고자 한다. 우리 청소년 세미나에 오는 어린 남자들 중엔 아버지 없는 이들이 많다.

그들은 이제야 고향을 찾겠거니 잔뜩 기대에 부푼다. 하지만 현실을 대면하고 변화시켜 나가는 대신 현실에서 도피하는 데 종교를 이용한다. 이런 사람들은 이사악이라는 인물에서 자신의 모습을 본다. 이사악은 자신 안의 약한 남자를 들여다보게 해 주며 남자로서의 정체성을 펼쳐 나가는 방법을 찾게 도와준다. 아버지가 없는 남자들은 기댈 수 있는 강한 남자를 찾는다. 올바른 사람을 만나면 자신의 길을 찾을 수 있겠지만, 의존하게 되면 보스 뒤만 따라다니면서 자신을 잃게 된다.

이사악은 결코 가부장적인 강한 남자가 아니다. 그는 아브라함과 야곱에 비하면 보잘것없다. 자신을 죽이려 한 아버지의 숨은 공격성이 그에게 얼마나 상처를 입혔을지는 짐작하고도 남는다. 아브라함과 이사악의 관계는 아들을 제물로 바치려고 했던 일 때문에 확실히 틀어졌다. 이사악은 너무 마음이 상해 자립할 수 없다. 그는 오히려 수동적이고 맥빠진 삶을 산다(Arnold 137). 교부들은 이런 측면을 간과했다. 그들은 오히려 이사악이 희생양이 되는 것에 동의했고 나아가 하느님 아버지께서 우리에게 보낸 예수의 모범이라고 그를 이상화했다. 그러나 성경 어디에도 이런 이상화는 보이지 않는다. 성경은 오히려 자신이 대체 누구인지도 제대로 알지 못하는 그런 남자로 이사악을 그리고 있다. 그는 정말 심각할 정도로 아버지가 없는 남자다. 그는 강하고 분명한 정체성을 확립해 나갈 거점을 찾지 못했다. 어릴 때 버려졌다는 충격적인 경험을 한 남자들은 흔히 편협한 규범에 매달리게 된다. 보수적이고, 버려지지 않을까 하는 두려움을 상쇄하기 위해 분명한 원칙에 집착한다. 그러면 어디서건 사람들과 충돌하게 되고 진정한 관계를 맺지 못한다.

성경을 더 따라가 보자. 이사악은 스스로 신붓감을 찾아 나서지 않는다. 아버지는 조상의 나라로 여행하는 하인에게 이사악의 신붓감을 찾아오라고 시킨다. 하인은 레베카를 데려온다. 이사악은 "그를 아내로 맞아들였다. 이사악은 레베카를 사랑하였다. 이로써 이사악은 어머니를 여읜 뒤에 위로를 받게 되었다"(창세 24,67). 이사악은 어머니에게 매우 고착되어 있었던 듯하다. 그에게 레베카는 어머니 대신이었다. 이는 남자와 여자의 진정한 관계에 치명적인 걸림돌이다. 남자가 여전히 어머니에게 고착되어 있으면 여자와 올바른 관계를 맺지 못한다. 여자는 그 옆에서 굶주리게 된다.

이사악의 이야기는 그와 아내, 그리고 자녀들 사이에 진정한 관계가 없었음을 보여 준다. 레베카는 쌍둥이 형제 에사우와 야곱을 낳는다. 먼저 에사우가 나왔고 그의 발꿈치를 붙잡고 야곱이 나왔다. 그래서 야곱(발꿈치를 붙잡는 자)이라 이름 지었다. 에사우는 살갗이 붉고 털투성이였다. 그는 들판의 남자, 사냥꾼이 되었다. 그에 반해 야곱은 집에 머물렀다. 이사악은 에사우를 더 좋아했고 레베카는 야곱을 편애했다. 에사우는 아버지의 아들이었고 야곱은 어머니의 아들이었다. 성경에 따르면 이사악이 사냥한 고기를 좋아해서

에사우를 사랑한 것으로 되어 있지만, 에사우는 이사악의 그림자였다. 이사악은 아들에게서 자신의 그림자를 보았다. 자신은 살아 보지 못한 삶, 야생적이고, 불같이 화내고, 어디에도 얽매이지 않고, 강하며 투쟁적인 에사우를 사랑했던 것이다. 레베카는 그에 비해 영리하고 지적인 아들 야곱을 사랑했다. 야곱을 사랑함으로써 그가 가진 능력의 덕을 봤다. 그녀는 남편에게 자신의 의지를 관철시키는 데 야곱을 이용했다. 이사악과 레베카의 관계는 분명하지 않았음이 틀림없다. 이사악은 아내가 하자는 대로 다 했다. 레베카는 이사악을 손에 쥐고 있었다. 그러나 양식이 부족해 이방의 나라 그라르로 들어가야 했을 때 이사악은 아버지와 똑같이 행동한다. 자신의 안전을 위해 아내를 누이라고 속인다. 밖에서는 이사악이 아내 레베카를 지배하지만 집에서는 레베카가 더 힘 있는 것 같다. 공식적인 자리에서는 예쁜 아내를 거느리고 있다고 뻐기지만, 집에서는 아내에게 지배받는 남자들의 사정도 이와 비슷하다.

이사악은 그라르에서 부자가 된다. 필리스티아인들이 그를 시기해 아버지 아브라함이 팠던 우물을 메워 버린다. 그가 더 이상 아버지라는 우물에 접근할 수 없다는 비유다. 아버지라는 샘에서 물을 마실 수 없고 아버지의 힘을 나눠 받을 수 없다. 어머니 사라가 아버지에 대해 나쁘게만 말해 아버지처럼 살지 않겠다고 생각했는지도 모른다. 나는 아버지를 경멸하는 아들이 많다는 것을 안다. 어머니의 왜곡된 눈을 통해서만 보는 아버지를 불신하고 성적 욕망의 화신으로 여긴다. 아버지에 대한 부정적 평가는 자신의 남성성에 대한 가치 절하로 이어진다. 아버지에게서 나오는 삶의 에너지가 아들에게 흘러들어갈 수 없어 그는 말라 버린다.

이사악의 하인들이 우물을 다시 파려고 하면 그라르의 목자들이 시비를 걸었다. 이사악이 필리스티아 임금 아비멜렉과 계약을 맺고 나서야 하인들은 우물을 다시 팔 수 있었다. 이제 이사악은 자신의 근원과 만나게 되었다. 아비멜렉과의 계약은 이사악이 자기 안의 적대적인 것과 화해했음을 보여 준다. 스스로 한 걸음 앞으로 나아간 것이며, 더 이상 아버지가 남긴 것에만 안주하지 않는다. 비록 필리스티아 임금과의 계약을 통해서지만 그는 스스로 삶을 개척했다.

이사악이 늙어 눈이 어두워 잘 볼 수 없게 되었을 때, 아들 에사우에게 사냥해 온 고기를 가져오라 한다. 그를 축복하려고 한 것이다. 레베카가 이 말을 엿들었다. 그녀는 야곱에게 자신의 계획을 말한다. 자기가 음식을 준비할 테니 야곱한테 그걸 아버지에게 가져가라고 한다. 에사우는 몸에 털이 많으니 이사악이 눈치 채지 못하도록 야곱에게 염소 가죽을 두르게 한다. 이렇게 야곱은 어머니의 도움으로 장자 에사우가 받을 축복을 가로챈다. 아버지는 이 장면에서 무기력한 모습을 보인다. 그는 집안의 주인이 아니라 아내의 하수인이 된다. 나아가 레베카는 에사우의 축복을 가로챈 야곱을 도망치게 하여, 그녀의 오빠 라반의 딸을 아내로 맞게 한다. 이렇게 이사악은 두 아들을 잃는다. 에사우는 동생을 택해 축복을 내린 아버지를 원망하고 야곱은 도망친다. 그의 임종 직전에야 두 아들은 집으로 돌아와 함께 아버지의 장례를 지낸다.

이사악은 아버지에게 당한 일을 그대로 되풀이한다. 그는 아버지가 강요한 희생양에 머무른다. 그는 자신의 삶을 주체적으로 살지 못하고 아내의 성화로 그녀가 원하는 일을 한다. 그는 희생자이면서 동시에 가해자이기도 하다. 그는 자신이 아끼던 아들 에사우에게 상처를 줌으로써 자신도 상처받는다. 아들들은 서로 싸우고 갈라진다. 이사악만 아브라함에게 희생된 것은 아니다. 어머니가 아버지를 재촉해 이스마엘을 쫓아내도록 했다. 이스마엘은 이사악의 그림자다. 그의 동생이 쫓겨남으로써 이사악의 일부분도 함께 쫓겨난 것이다. 이렇듯 이사악은 동생이 쫓겨나고, 자신은 희생양으로 바쳐지는 버려짐을 두 번 경험한다. 이 두 경험은 이사악의 삶에 그대로 반복된다. 이사악과 이스마엘이 서로 멀어지고 결국에는 역사에서 적대적 형제인 유다인과 아랍인이 된 것처럼 그의 아들들도 서로 반목하게 된다.

이사악은 고통스러운 배움의 과정을 거쳐야만 한다. 그는 아버지가 되는 것을 배워야 한다. 아들끼리 싸우게 하는 것이 아니라 그들의 뒤를 받쳐 주어야 한다. 과거를 반복하지 않으려면 자신의 과거에서 자유로워지는 법을 배워야 한다. 그는 자기 자신의 삶을 살아야 한다. 그렇게 할 때만 비로소 그는 아들들을 축복할 수 있다. 성경은 이 배움의 과정을 더 이상 서술하지 않는다. 이사악이 늙어 죽음에 이르게 되자 두 아들은 서로 화해하고 함께 아버지의 장례를 치른다(창세 35,29 참조). 아들들이 화해하면서 이사악에게도 내적 화해가 이루어졌음이 암시된다. 이것은 곧 버려진 두 아들과 늙은 아버지 사이의 화해다. 헤리베르트 피셰딕Heribert Fischedick이 서술한 바와 같이 이사악은 부모에게 버려진 자의 원형이다. 부모에게 버림받은 이는 잃어버린 낙원을 동경한다. 이런 남자들은 무엇보다 자신에게 피난처를 제공해 줄 어머니로서의 아내를 원한다. 이들은 진정한 관계를 맺을 능력이 없다. 그들은 삶에 대한 환상으로 가득 찬 세계를 꿈꾸며 그 속에서 살고 싶어 한다. 이들은 갈등을 겪는 삶을 직시하는 것이 힘들다. 모든 갈등은 위협적이고 더 이상 낙원에 머무를 수 없고 이미 오래전에 거기서 쫓겨났음을 상기시키기 때문이다. 부모에게 버림받은 남자는 자신의 삶을 맘껏 슬퍼하고 억울해할 공간이 필요하다(Fischedick 55). 이들은 다른 사람들이 자신을 이해해 주고, 받아 주기를 기대한다. 종종 이들의 기대가 너무 지나쳐 사람들은 부담을 느끼곤 한다. 이런 연유로 버림받은 자들은 "고통과 슬픔을 삶의 한 부분으로 긍정하고 삶의 수많은 작은 죽음을 인정하는 것을 배워야 한다"(Fischedick 70).

아버지 없는 이들은 신앙이 안전과 구원을 주리라고 과도하게 기대한다. 이런 신앙은 너무나 유아적이다. 고통을 부인하고 피하려 한다. 갈등에 가득 찬 삶을 직면하는 대신 하느님이 모든 문제를 해결해 주고 곧바로 평화와 기쁨을 줘야 한다고 여긴다. 이러한 과도한 낙관론은 자신과 세계에 대한 비관적 시각의 한 모습이다. 이들은 그들만의 완벽한 세계로 도피하기 위해 세상의 모순을 보려 하지 않는다. 아버지 없는 이들은 그들에게 구원자가 되어 줄 종교적 교주를 찾는다. 이들은 고향이라고 느낄 수 있는 완벽한 세계를 스스로 짓는다. 그러나 이들에게서는 어떤 힘도 나오지 않는다. 버림받은 자들은 자기 안의 버림받은 아들을 직면하고 그 아들에게 부성애를 펼쳐야 한다. 그때 그들은 비로소 삶을 방해하는 틀의 반복을 깰 수 있고 상처는 진주로 바뀔 수 있다. 자신이 버림받았다는 것을 대면하는 버림받은 남자들은 훌륭한 사제, 상담가가 될 수 있다. 그들은 버림받은 사람들을 알아본다. 버림받은 사람들이 바라는 안정감이라는 함정에 빠지지 않게 도와준다. 자신 본연의 모습에 닿을 수 있도록 마음으로 통하는 길을 보여 줄 수 있다.

이사악은 자신의 무능함에 괴로워하는 유약한 남자의 모습을 보여 준다. 아버지에게 버림받고, 자신의 정체성을 키워 가는 데 도와줄 대리부를 찾지 못한 남자는 여자에게 의존한다. 그는 삶의 척도를 여자에게 둔다. 그에게는 사회도 일종의 대리모가 된다. 사회를 스스로 건설해 가는 것이 아니라 자신의 필요를 채워 줄 대리모로 이용한다. 발터 홀슈타인은 유약한 남자들 때문에 우리 사회가 "비남성적이고

유사 모성화되었다"고 주장한다. "사회는 보호, 안전, 관리, 규칙, 통제, 감시, 지원, 안내, 오락을 넘칠 만큼 과도하게 제공하고 있다"(Hollstein 23). 그러나 우리 시대 남자들에게는 책임감과 선구자 정신 같은 긍정적인 가치가 필요하다. 이사악의 경우에서 분명하게 드러나는 바와 같이 "남자답지 못한 남자는 여자에게도 더 이상 매력적인 대상이 아니다"(Hollstein 24). 아버지에게 버림받은 것은 어쩔 수 없지만 이 사실을 받아들이고 자신을 스스로 책임져야 한다. 남자는 자신을 떠나 자신의 고유한 남성성에서 도피하지 말고, 자신에게 다가가 자신과 마주하는 것을 배워야 한다. 이사악은 오늘날 남자가 도전해야 하는 모습을 보여 준다. 남자는 자신의 상처와 내적 외로움과 화해하며 희생자의 역할에서 빠져나와, 이사악이 죽으면서 그랬던 것처럼 다른 이들을 위한 축복이 되어야 한다.

오늘날 아버지 없는 남자들은 자신의 뒤를 받쳐 줄 아버지가 없다는 사실에 괴로워하고 있다. 이런 남자들은 회사나 집단을 위해 자신을 기꺼이 희생하려는 경향이 짙다. 심지어 자신의 고유한 힘도 희생하려 한다. 이들에게는 무엇인가를 스스로 만들어 나가고, 강한 어머니처럼 모든 것을 자기 식대로 하려는 사회 경향에 저항할 수 있는 남성 에너지가 결핍되었다. 아버지 없는 남자는 흔히 스스로를 부모와 사회의 희생자라고 느낀다. 그들은 자신과 자신의 삶에 대해 책임지기를 거부한다. 스스로를 희생자라고 자처하면서 자신의 욕구를 채우기 위해 노력하기보다 가해자가 되어 다른 이들을 이용한다. 버려진 남자들이 자신의 남성적 힘에 다가가기 위해서는 아버지가 필요하다. 그래야만 비로소 사회에 도움이 될 수 있고 사회에 의해 규정되는 대신 사회를 우리와 함께 만들어 나갈 수 있다. 아버지 없는 남자들은 너무 쉽게 스스로에게 상처를 입힌다. 세상을 위해 일하고 새로운 생각을 펼쳐 나갈 힘이 없고, 문제를 용감히 해결해 나갈 용기가 없다. 그러기보다 되도록 많은 사람의 마음에 들기 위해 사람들의 기대에 맞춰 행동하는 경향이 있다. 우리 시대는 아버지의 에너지를 훌륭한 방식으로 구현하는 남자, 다른 사람들의 박수를 받지 못한다 하더라도 실제로 도움이 되는 해결책을 구하려는 용기 있는 남자가 필요하다.

야곱 | 아버지

야곱은 전형적인 어머니의 아들이다. 어떻게 어머니의 아들이 아버지가 될 수 있을까? 성경은 우리에게 야곱의 발전사와 영리한 남자에서 어떻게 성공적으로 아버지로 성장했는지 그 과정을 들려준다. 그는 우선 자신의 그림자를 만나는 단계를 거친다. 이 단계는 어머니의 생활 영역에서 떠나는 것, 형을 피해 도망치는 것으로 시작한다. 이는 곧 자신의 그림자를 피하는 것을 뜻한다. 이 떠남은 어머니의 구속에서 벗어나 궁극적으로 자신과 자신의 진실로 이끈다.

도망가다가 야곱은 하느님을 만나는 놀라운 체험을 한다. 그는 하늘로 올라가는 층계 꿈을 꾸는데, 하느님의 천사들이 오르내리고 있었다. 하느님이 그 위에 서서 그에게 성공을 약속한다. "내가 너와 함께 있으면서 네가 어디로 가든지 너를 지켜 주고 너를 다시 이 땅으로 데려오겠다. 내가 너에게 약속한 것을 다 이루기까지 너를 떠나지 않겠다"(창세 28,15). 여기서 야곱은 처음으로 자신의 무의식과 만난다. 그는 단순히 영리하게 삶을 헤쳐 나가는 것 이상의 그 무엇인가가 있음을 느낀다. 마음속 깊은 곳에서 하느님이 그에게 축복한다. 축복하는 하느님을 만난 체험은 그가 성장하는 과정의 첫 단계다. 그는 이제 자신의 의지와 영리함만으로 모든 일이 해결되지는 않음을 알게 된다. 삶의 성공은 하느님의 축복에 달려 있다. 하느님의 뜻에 자신을 맡기면 자신의 길을 찾게 될 것이다.

야곱은 라반의 집에서 십사 년 동안 일한 후 두 아내와 열두 아들과 함께 재산을 가지고 고향에 돌아온다. 그때 형 에사우가 기다리고 있다는 고지를 받는다. 이제 야곱은 자신의 그림자와 대면해야 한다. 그는 두려워서 선물로 형의 화를 풀어 보려 한다. 야곱이 자신의 그림자를 만나지 않았더라면 형의 원한을 선물로 달래 보려는 모든 노력도 소용없었을 것이다. 이는 밤에 정체 모를 남자와 씨름하는 장면에서 나타난다(창세 32,23-33 참조). 여기서 야곱은 더 이상 물러날 수 없다. 그는 자신의 진실과 대면해야 한다. 야곱은 아내와 아이들, 그리고 전 재산을 야뽁 내 너머로 보낸다. "야곱은 혼자 남아 있었다. 그런데 어떤 사람이 나타나 동이 틀 때까지 야곱과 씨름을 하였다. 그는 야곱을 이길 수 없다는 것을 알고 야곱의 엉덩이뼈를 쳤다. 그래서 야곱은 그와 씨름을 하다 엉덩이뼈를 다치게 되었다. 그가 '동이 트려고 하니 나를 놓아 다오' 하고 말하였지만, 야곱은 '저에게 축복해 주시지 않으면 놓아 드리지 않겠습니다' 하고 대답하였다"(창세 32,25-27). 이는 사느냐 죽느냐 하는 싸움이다. 야곱은 더 이상 투쟁을 피하지 않는다. 그는 맞서 싸우며 처음에는 그토록 적대적이었던 정체 모를 남자에게 축복을 받는다. 이 축복으로 이제 두려움 없이 형을 만날 수 있게 된다.

투쟁하지 않고 어떻게 해 볼 수 있다고 생각하는 남자들은 발달 도중에 멈춰 있는 것이다. 삶은 투쟁이다. 누구든 남자가 되는 도정에서 자신의 그림자를 만나게 된다. 그림자를 만나는 일은 결코 즐거운 일이 아니다. 동화에서도 마찬가지로 이 싸움은 사느냐 죽느냐의 문제다. 게다가 처음에는 주인공이 승리할 수 있을지 알 수 없다. 야곱도 승리하지 못한다. 하지만 적은 자신을 하느님의 천사라고 밝힌다. 미지의 천사를 통해 하느님은 야곱을 축복하며 그에게 새로운 이름을 준다. 더 이상 야곱(속이는 자)이 아니라 이스라엘(하느님의 투사)이라 불릴 것이라고 한다. 야곱은 자신의 그림자에서 하느님을 만난 것이다. 그러나 이 그림자는 그를 다치게도 했다. 야곱은 엉덩이뼈를 다쳐 다리를 절게 된다. 그는 더 천천히, 조심스럽게 삶을 살아가야 한다. 더 이상 하고 싶은 모든 것을 다 하며 살 수 없다. 이를 받아들여야 한다. 부상당한 투사로서 야곱은 이제 이스라엘 민족의 원조가 된다. 자신의 그림자와 싸우지 않고는 누구도 아버지가 되지 못한다. 자신의 그림자와 대결하지 않고도 온전한 삶을 살 수 있다고 생각하는 사람은 아버지로서 자신의 그림자를 자녀에게 투사하게 된다. 아들을 있는 그대로 보지 못하고 자신의 억압된 욕구와 열망의 색안경을 통해 본다. 나는 아버지의 든든한 후원을 경험하지 못한 남자들과 이야기해 보았다. 그들의 아버지는 자녀에게서 자신이 인정하지 못했던 것, 스스로에게 금지했던 것들을 본다. 자신과 싸우는 대신 억압된 것을 아들에게서 보고 없애려 한다. 그런 아버지의 싸움은 축복의 원천이 되지 못하고 저주가 되었다. 아버지는 삶을 돕는 게 아니라 죽음을 도왔다. 자신의 그림자를 피해 버린 아버지는 아들에게도 부정적인 남성상을 갖게 한다. 아버지에 대한 증오를 폭력으로 분출하거나 항상 자신의 약점을 안고 산다. 스스로 서지 못하고 삶과 도전에 맞서지 못한다.

성경은 야곱을 통해 그림자를 만나는 두 가지 방식을 보여 준다. 첫째 방식은 그림자와 싸우는 것이다. 둘째 방식은 비굴하게 그림자 앞에서 자신을 부정하며 그림자를 인정하는 것이다. 야곱은 형 에사우를 만날 때 일곱 번 무릎을 꿇는다. 그러자 에사우는 야곱을 얼싸안고 입을 맞추고 함께 운다. 야곱은 "제가 하느님의 얼굴을 뵙는 듯 주인의 얼굴을 뵙게 되었고, 주인께서는 저를 기꺼이 받아 주셨습니다"(창세 33,10) 하고 외친다. 흥미로운 점은 야곱이 그림자와 대면하는 두 가지 방식 모두에서 그림자 속 하느님을 인식한다는 것이다. 싸움에서도, 자신의 그림자 앞에서 무릎을 꿇는 것에서도 야곱은 미지의 것에서 신비한 하느님을 만나고 있음을 느낀다. 그림자를 단순히 '심리학적으로 받아들이는 것'이 아니라 궁극적으로는 전혀 다른 하느님상을 만나는 데 초점이 있다. 자신의 그림자와 대면하는 사람은 너무나 뻔하고 정적인 하느님상에 만족하지 못할 것이다. 어떤 남자들에게는 하느님이 따분한 존재가 되어 버렸다. 그들은 친절하고 사랑스럽기만 한 존재로 하느님을 인식하고 있기 때문이다. 성경은 우리에게 인간 영혼의 심연을 건드리는 하느님의 모습을 보여 준다. 싸울 준비가 되어 있는, 우리 안의 남성을 일깨우는 하느님의 모습도 함께 보여 준다. 영적인 길을 걷는 데 흥미를 느끼지 못하는 남자들이 많다. 이 길은 너무 평탄해서 투쟁하는 남자의 모습을 외면한다고 생각한다. 우리는 하느님을 빛에서만 아니라 어둠에서도 만난다. 평온함에서도, 싸움에서도 만난다. 하느님은 다감할 뿐만 아니라 우리를 다그치고 상처 입히기도 한다. 하지만 상처 입을 위험을 감수하고도 싸움에 나서는 사람이 비로소 진정한 남자가 된다. 야곱이 보여 주듯이 그렇게 함으로써 아버지가 된다. 단순한 생물학적 아버지가 아니라 정신적 아버지가 된다. 사막 교부들은 이런 연유로 야곱을 그들의 이상으로 생각했다. 그들은 야곱처럼 그림자와 악령을 싸워서 이겨 냈다.

특히 오늘날 남자가 빠지기 쉬운 커다란 유혹 중 하나는 자신의 이성과 의지만 믿고 무의식의 심연에서 올라오는 것들을 외면하는 것이다. 이런 식으로 쉽게 성공을 거둘 수는 있겠지만 성공 또한 함정일 수 있다. 성공한 사람은 그림자를 대면할 필요가 없다고 생각한다. 융은 '변화의 가장 큰 적은 성공한 삶'이라고 했다. 항상 성공하는 사람은 자신의 삶에는 아무 문제가 없다고 믿는다. 아내가 남편의 그림자 측면에 대해 이야기를 꺼내면 남편은 이에 반발한다. 아내가 대체 무슨 말을 하는지 이해할 수 없다. 문제가 있는 쪽은 아내지 자신이 아니라고 생각한다. 자신에게는 아무 문제가 없고 자신의 모습에 만족한다. 그러나 때로 공격적으로 아내의 비판에 반응하는 남편은 겉으로 보이는 것처럼 그렇게 확신에 차 있지는 못하다. 그들은 누군가가 완벽한 자신의 이미지에 조그만 흠집이라도 내지 않을까 극도로 두려워하고 있다. 그러나 이런 전략도 더 이상 소용이 없게 되는 때가 온다. 영리한 이성을 지닌 남자도 갑자기 잠을 잘 수 없거나 자제하지 못하는 공격성에 빠진다든가 하는 식으로 심리가 반란을 일으킬 수 있다. 몸은 병들고 자녀들은 자기 생각과는 다르게 커 갈 수도 있다. 그러면 그 모든 성공이 아무 소용 없게 된다.

그림자와 만나면서 야곱은 아버지가 된다. 야곱은 이스라엘의 원조라 여겨진다. 성경은 야곱이 어떤 아버지였는가에 대해 많은 이야기를 하지 않는다. 야곱이 라반에게서 일할 때, 여자들은 어떻게든 야곱의 아들을 많이 낳으려고 한다. 라헬은 야곱에게 말한다. "나도 아이를 갖게 해 주셔요. 그러지 않으시면 죽어 버리겠어요"(창세 30,1). 야곱은 두 아내와 하녀들에게 그저 아들딸을 낳게 하는 사람인 것이다. 하지만 그의 부성에 대해서는 아무도 알지 못한다. 열두 아들 중 늘그막에야 얻은 막내 두 명에게만 부성을 표현한다. "이스라엘은 요셉을 늘그막에 얻었으므로, 다른 어느 아들보다 그를 더 사랑하였다"(창세 37,3). 형제들은 이스라엘이 편애한 요셉을 미워하고 죽이려고까지 한다. 이는 성공한 아버지의 모습이라 할 수 없다. 이스라엘이 모든 아들의 아버지가 되고 축복의 원천이 되기 위해서는 고통을 겪어야 했다. 요셉은 이집트로 팔려 가고, 막내 아들 벤야민을 다른 아들들과 함께 이집트로 떠나 보내야만 했다. 형제들이 요셉과 화해한 후에야 비로소 이스라엘은 모든 아들에게 똑같이 아버지가 되었다.

심리학에서 보면 아버지는 자녀들의 뒤를 받쳐 주고 그들이 삶의 모험을 감행하고 독립할 수 있도록 보살펴 주는 사람이다. 아버지는 자녀들을 붙들어 두지 않고 그들 스스로 삶을 살 수 있도록 세상으로 내보낸다. 그러면서도 그들이 필요로 할 때는 거기에 있는 사람이다. 그들은 아버지에게 돌아올 수 있다. 기댈 수 있다. 아버지는 그들이 실수했을 때 비난하지 않고 후원해 준다. 그들이 공격받을 때 뒤를 받쳐 준다. 아들에게 아버지는 남성 에너지의 원천이다. 오늘날 특히 아버지를 갈구하는 아들이 많다. 아버지 없이는 아들이 남자로서 정체성을 확립해 나갈 수 없다. 아들은 아버지가 너무 강하거나 복종을 강요하고 과도하게 기대하면서 부담을 주면 아버지와 마찰을 일으키고 반항한다. 이 반항도 남자가 되는 과정에 속한다. 아버지와 거리를 둘 때 비로소 자신 안에 있는 긍정적 뿌리를 발견할 수 있다.

나는 내 아버지에게 감사한다. 아버지는 어려서 부모님을 여의었다. 그는 루르 지방에서 자랐고 탄광 사무실에서 일했다. 그러다가 가톨릭 축일에도 일해야 한다는 것에 분노해 아무 대책도 없이 뮌헨으로 이사했다. 빈손으로 시작했지만 어떻게든 노력해 가게를 하나 차렸다. 나는 아버지가 자신의 삶을 이야기할 때 늘 강한 인상을 받았다. 아버지가 돌아가신 후, 뮌헨 생활을 시작할 즈음인 1923년부터 기록된 일기를 여동생이 발견했다. 일기를 읽으면서 아버지가 수많은 좌절을 겪으며 얼마나 힘들게 스스로 길을 찾아야 했는지 느낄 수 있었다. 가게가 집과 붙어 있어서 우리는 아버지와 매끼 식사도 함께 했었다. 동네 아이들과 축구를 하다가 져서 싸움이 날 때면 아버지는 가게에서 나와 우리를 야단치는 대신 두 줄로 세웠다. 그러고는 진정한 스포츠 정신이 무엇인지 이야기해 주었다. 우리는 서로 악수를 하고 "하나 둘 셋, 만세!"를 외쳐야 했다. 그게 너무 재미있어서 결국 우리는 모두 웃어 버렸다. 그렇게 싸움은 해결되었다. 오늘날 아버지들은 아이들이 싸우면 해결하려 들지 않는다.

곤란한 문제들은 어머니에게 떠맡기고 자기 일만 한다. 나는 우리가 싸운 일에 도덕적 설교를 하거나 야단치지 않고 해결하려고 나섰던 아버지에게 감사한다. 아버지는 우리의 싸움을, 스포츠맨은 지는 법도 배워야 하고 그럼에도 정정당당해야 함을 가르칠 기회로 삼았던 것이다.

아버지는 자신이 스스로 인생을 개척했듯이 우리가 하고 싶은 것이 있으면 마음껏 하게 해 주었다. 아버지는 우리가 텐트를 가지고 자전거로 보름 동안 알프스 여행을 떠나도 전혀 걱정하지 않았다. 우리가 어떤 계획을 세우면 비웃거나 걱정을 늘어놓지 않고 늘 지지해 주었다. 오히려 아버지는 우리가 스스로 무엇을 시도하거나 다른 사람들이 비현실적이라고 생각하는 것을 해낼 때 자랑스러워했다. 어렸을 때 나는 정말 엉뚱했다. 일곱 살 때 형제들과 정원에 연못을 만들었는데 물고기들이 겨울을 버텨 내지 못할 것이라는 생각에 욕조에 물고기들을 옮겨 놓았다. 일주일 내내 식구들은 목욕을 할 수 없었지만 아버지는 나를 이해해 주었다. 누나들 말고는 아무도 불평하지 않았다. 아버지는 제1차 대전 때 수병으로 참전했었기 때문인지, 우리가 호수에서 고기를 잡아 우리집 연못에 가져다 놓으면 아주 좋아했다.

모든 원형이 그렇듯 아버지란 상에도 많은 힘이 숨어 있고 또한 위험도 있다. 자녀를 놓아 주지 않는 아버지나, 가부장적인 방식으로 전권을 행사하고 자신이 모든 것을 결정할 수 있다고 생각하는 아버지는 진정한 아버지상을 해치는 사람이다. 진정한 아버지상을 완벽하고 권위적인 지도자 스타일로 혼동하고 있다. 권위적인 사람은 불안한 사람이다. 갈등을 피하고 싶어서 항상 책상을 내리치며 권위를 증명해 보이려 한다. 이건 남성적인 모습이 아니라 남자의 왜곡된 상이다. 우리는 그 배후에 자신이 왕좌에서 쫓겨나지 않을까, 자신의 완벽함이 의문시되지 않을까 하는 불안을 감지할 수 있다. 긍정적인 아버지를 경험하지 못한 남자들은 항상 의심한다. 자신을 끊임없이 증명해 보여야 한다고 생각한다. 자신 안에 중심을 잡고 머물러 있을 수 없기 때문에, 자신이 남성적 힘을 얼마나 많이 갖고 있는지 증명하기 위해 늘 무언가 해야 한다. 긍정적 아버지를 체험하지 못한 이 힘은 대부분 파괴적으로 작용하고 자아도취적이어서 아무것도 이루지 못한다. 여기서 작용하고 있는 것은 무엇을 이루어 낸다는 진정한 즐거움이 아니라 어떻게든 아버지로 인정받기 위해 자신을 증명해야 한다고 느끼는 압박감이다. 우리는 아버지의 상실이 얼마나 파괴적으로 작용하는지 정치에서 볼 수 있다. 자신이 아버지에게 받은 상처를 밖으로 해소하기 위해 전 국민을 이용하는 것이다.

생물학적으로 아들딸의 아버지가 되든 단순히 정신적으로만 아버지가 되든 간에 남자는 아버지가 되어야 한다. 아버지가 된다는 것은 자녀의 뒤를 받쳐 주는 것, 삶의 즐거움을 알려 주는 것, 든든한 버팀목이 되어 주는 것이다. 그래서 그들이 삶을 스스로 살 수 있도록 돕는 것이다. 아버지가 자신을 배반하지 않으리라 믿는 아들딸은 실수를 두려워하지 않는다. 잘못된 길로 들어서더라도 아버지에게 돌아올 수 있다. 아버지는 꼬치꼬치 따지기보다 자녀들을 자유롭게 놓아 주고 항상 그들 편에 선다. 자녀들은 아버지에게 돌아와 기댈 수 있고, 언제든 도움과 위안을 얻을 것이라 믿고 있다.

오로지 일에만 몰두하는 남자는 아버지 역할을 거부한다. 회사는 잘 운영하겠지만 자녀를 지도하지는 못한다. 아이들과 부대끼면서 남자들은 아버지 역할 뒤로 숨어 버릴 수 없다는 것을 느낀다. 아이들은 남자의 그림자 측면을 일깨운다. 아이들에게 성공한 사업가는 아무런 의미가 없다. 아이들은 인간적인 아버지를 원한다. 아이들에게 자신의 그림자를 보여 줄 수 있는 남자만 아버지가 될 수 있다. 자신의 무력함과 그림자를 대면하는 것이 아이들에게 진정으로 친근감을 보이고 그들이 실패했을 때 그들의 뒤를 받쳐 줄 수 있는 전제가 된다. 사회에서 성공을 거둔 방식 그대로 가정 생활에 적용해야 한다고 생각하는 남자들이 있다. 그러나 실패하고 만다. 회사에서는 속도가 요구된다. 어떤 경영자가 나에게 아이들과 보내는 짧은 시간 동안 많은 것을 하려고 계획을 짠 적이 있다고 했다. 그는 아이들과 많은 것을 함께 하기 위해 정해진 시간을 효과적으로 이용해야 한다고 생각했다. 그러나 아이들은 그러려고 하지 않았다. 아이들은 그저 아버지가 함께 놀아 주며 시간을 내주길 바랄 뿐이다. 아이들은 아버지에게 어떤 성과를 보여야만 하는 사람이 아니라 그저 아이들로 받아들여지기를 바란다.

우리 시대에는 특히 아버지다운 남자가 필요하다. 알렉산더 미처리히는 1960년대에 이미 '아버지 없는 사회'에 대해 이야기했다. 당시에는 전쟁에 나가 돌아오지 않은 아버지가 많았다. 오늘날에도 심리학자들은 아버지의 부재에 대해 말하고 있다. 예나 지금이나 자녀 교육 문제에서는 아버지가 없다. 그들은 아이들 뒤를 받쳐 주지 않는다. 아이들이 자라면 아버지가 생각했던 것과는 달리 그에게 화를 낸다. 아이들은 아내에게 맡기고 자신은 아이들과 부대끼는 것을 원하지 않는다. 아이들이 성장하기 위해서는 아버지의 에너지가 필요하다. 아이들은 함께 씨름해 주는 아버지를 원한다. 밖에서만 에너지를 발산하고 집에서는 쉬기만 하는 아버지를 원하지 않는다.

가정뿐만 아니라 사회도 아버지를 필요로 한다. 아버지는 아이들을 위해서만 있는 것이 아니다. 실패한 사람, 부모를 잃고 버림받았다고 느끼는 사람, 사회에서 소외된 사람들에 대한 책임도 져야 한다. 아버지는 가정에서 무슨 일이 잘못되었을 때 책임지는 사람이다. 가족을 대표한다. 후원자가 없는 사람들을 후원한다. 다른 이들을 위해 이 같은 아버지 역할을 맡는 성직자들이 많다. 수도회의 사제를 부르는 명칭이 '파테르'Pater(아버지란 뜻의 라틴어)인 것은 우연이 아니다. 그들은 방향을 잃은 이들에게 아버지가 된다. 동반자가 되어 주며 무작정 의존하지 않도록 하면서도 든든한 버팀목이 되어 준다. 오늘날 믿음직한 아버지를 향한 큰 갈망이 있다. 때로는 나에게도 그런 기대를 과도하게 투사하는 바람에 그 기대를 충족시키지 못할 때도 있다. 이러한 투사에서 아버지에 대한 경험의 결핍과 아버지에게 의지하려는 욕구를 읽어 낸다. 아버지 없는 사람은 불행하게도 아버지 같은 역할을 해 주겠다고 하는 사람의 손아귀에 쉽게 빠진다. 그들은 아버지 없는 남자들의 남성 에너지를 발견하게 도와주는 대신 그들을 지배한다. 스스로의 길을 걷게 하는 대신 굴종하게 만든다.

결론적으로 아버지에게는 두 가지 태도가 요구된다. 단호함과 용기다. 상황이 요구할 때 아버지는 행동한다. 모든 문제를 다른 사람에게 미루는 대신 결정을 내린다. 오늘날 많은 회사와 단체, 집단에서는 책임지고 결정 내리는 아버지 같은 인물이 부족하다. 실수할까 두려워 결정하는 일을 피하려고 한다. 그러면 어떤 새로운 것도 나오지 않는다. 갈등을 피하려고만 하고 상황을 해결하는 데 전혀 이바지하지 못한다. 또 한 가지 태도는 용기다. 아버지는 시시콜콜 따지거나 옹졸하게 행동하지 않는다. 아버지의 마음은 넓다. 아버지는 아이들이나 자기를 따르는 사람을 믿어 준다. 우리 시대는 이렇게 마음 넓은 아버지가 필요하다. 나에게 이런 아버지가 있었음에 감사한다.

요셉 | 마술사

야곱이 어머니가 아끼던 아들이라면 요셉은 아버지가 아끼던 아들이다. 요셉은 전형적인 아버지의 아들이다. 이는 형들의 질투, 심지어 증오를 불러일으킨다. 요셉은 자신이 특별하다고 느낀다. 요셉은 밭 한가운데서 곡식단을 묶는 꿈을 꾸고 형들에게 이야기한다. 요셉의 단이 우뚝 서고, 형들의 단은 빙 둘러서서 요셉의 단에게 큰절을 했다는 것이다. 그러자 형들이 대꾸한다. "네가 우리의 임금이라도 될 셈이냐? 네가 우리를 다스리기라도 하겠다는 말이냐?' 그리하여 형들은 그의 꿈과 그가 한 말 때문에 그를 더욱 미워하게 되었다"(창세 37,8). 형들이 질투하는 이유는 아버지의 편애가 아니다. 아버지의 총아로서 원하는 모든 것을 얻고 자신이 뭔가 특별하다고 생각하는 요셉의 태도다. 요셉은 형들에게 자신을 맞추는 것이 아니라 자기 꿈대로 믿고 행동해서 형들을 공격적으로 만든다. 그에게는 삶에 필요한 자양분을 얻을 수 있는 다른 원천이 있었다. 무의식의 세계, 내적 영감의 세계, 바로 마술의 세계다.

형들이 양 떼에게 풀을 뜯기러 들판으로 갔을 때, 아버지는 요셉더러 형들과 양이 잘 있는지 보고 오라고 한다. 이때 형들은 요셉을 죽이기로 모의한다. 그러나 장남 르우벤이 요셉을 살려 내 아버지에게 보내려 했다. 형들은 요셉을 죽이는 것을 포기하지만 요셉을 구덩이에 내던진다. 장사꾼 무리가 지나갈 때 유다는 요셉을 팔아넘기자는 제안을 한다. 장사꾼들은 이사악의 동생 이스마엘의 후손이다. 야곱이 가장 사랑하는 아들 요셉은 할아버지의 동생인, 광야로 쫓겨났던 이스마엘의 수중에 떨어진 것이다. 요셉이 숨겨진 가족사의 덫에 걸렸다고 말할 수 있다. 해결되지 못한 야곱의 어두운 이면이 다시 나타나 해결을 재촉한다. 요셉은 무슨 수를 써서든지 가족사의 그림자에서 벗어나야 한다. 아버지의 총애를 받던 요셉은 무력감, 두려움, 배신감과 대결해야 한다. 어두운 구덩이 속에서 요셉은 버림받아 죽음에 내던져졌음을 느낀다. 이스마엘의 후손들은 요셉을 이집트로 데리고 가 파라오의 경호대장 포티파르에게 판다. 그러나 하느님이 그와 함께 있었기에 요셉은 하는 일마다 모두 잘된다. 포티파르는 요셉이 마음에 들어 그에게 자신의 재산 관리를 맡긴다. 그러나 이런 행운은 오래가지 않는다. 포티파르의 아내가 요셉에게 음란한 마음을 품어 동침을 요구한다. 요셉에게 그런 일은 주인의 믿음에 대한 배반이고 하느님에 대한 죄악이다. 여자가 요셉의 옷깃을 붙잡자 요셉은 자기 옷을 버려둔 채 도망친다. 그러자 그녀는 요셉이 동침하자고 위협했다는 증거로 그의 옷을 내밀며 요셉에게 죄를 뒤집어씌운다. 주인은 분노해서 요셉을 감옥에 가둔다. 요셉은 다시 버림받고 어둠을 경험한다. 그러나 하느님은 그와 함께 있다.

감옥에서 요셉은 함께 갇힌 죄수의 꿈을 풀이해 준다. 이들에게 요셉이 예언한 일이 그대로 일어난다. 제빵 시종은 나무에 매달리고 헌작 시종은 복직된다. 이 년 후 파라오는 알 수 없는 꿈을 꾼다. 이집트의 현자와 예언자들도 꿈을 풀이할 수 없었다. 이때 헌작 시종은 요셉이 생각나 파라오에게 꿈을 풀이하는 요셉의 재주를 알린다. 파라오는 요셉을 불러 꿈을 풀이하게 한다. "저는 할 수 없습니다만, 하느님께서 파라오께 상서로운 대답을 주실 것입니다"(창세 41,16). 요셉은 파라오에게 일곱 해 동안 대풍이 들 것이고 뒤를 이어 일곱 해 동안 기근이 들 것이라고 예언한다. 파라오에게 대풍이 드는 기간 동안 양식을 비축해 기근에 대비하라고 권한다. 파라오는 요셉을 나라의 재상으로 임명한다. 파라오는 신하들에게 말한다. "이 사람처럼 하느님의 영을 지닌 사람을 우리가 또 찾을 수 있겠소?"(창세 41,38). 이렇게 해서 요셉은 이집트에서 가장 권력 있는 사람이 된다. 그의 화는 복으로 바뀌었다. 꿈을 해석할 줄 알고 하느님이 도운 덕분에 그가 하는 모든 일은 성공한다. 다른 나라가 굶주리는 동안 마술사 요셉의 창고에는 곡식이 가득 찼다.

가나안에도 기근이 들어 요셉의 형제들은 곡식을 구하려고 이집트로 갔다. 요셉은 형들을 알아봤지만 자신을 밝히지 않는다. 요셉은 형들에게 형제 중 한 사람을 감옥에 가두고 나머지는 아버지가 있는 고향에 돌아가 막내 동생을 데리고 오라는 조건을 제시하고 곡식을 내준다. 야곱은 벤야민이 죽을지도 모른다는 두려움에 막내를 데리고 가지 못하게 한다. 기근이 점점 더 심해지자 유다가 벤야민을 책임지겠다 하여 형제들은 다시 요셉에게 간다. 요셉은 그들을 다시 시험한다. 요셉은 형들의 자루에 곡식을 채우게 하고 벤야민의 자루에는 자신의 은잔을 넣으라고 지시한다. 그러고는 형제들을 뒤쫓아 벤야민을 종으로 데려가려고 한다. 유다가 벤야민 대신 종이 되겠다고 나서자 요셉은 더 이상 참지 못하고 자신을 밝힌다. 울면서 형들에게 말한다. "내가 형님들의 아우 요셉입니다. 형님들이 이집트로 팔아넘긴 그 아우입니다. 그러나 이제는 저를 이곳으로 팔아넘겼다고 해서 괴로워하지도, 자신에게 화를 내지도 마십시오. 우리 목숨을 살리시려고 하느님께서는 나를 여러분보다 앞서 보내신 것입니다"(창세 45,4-5). 요셉은 형들과 화해한다. 그는 자신의 운명 속에서 모든 것을 주관하시는 하느님을 알아보았던 것이다. 하느님은 악을 선으로 바꾸었다. 하느님은 형들의 살의를 가족 전체의 복으로 바꾸었다. 요셉은 형들이 자기에게 상처를 입혔다고 해서 원한을 품지 않았다. 하느님의 보호와 축복을 받고 있다고 느끼기 때문에 형들과 화해할 수 있었다. 이미 어린 시절 꾸었던 꿈에서 자신의 삶이 성공하리라는 약속을 받았다. 이 꿈이 구덩이와 이집트 감옥에 홀로 버려졌을 때도 하느님께서 떠나지 않는다는 믿음을 주었다. 아버지가 가장 사랑하던 아들은 더 이상 아버지의 도움을 기대할 수 없게 되었다. 아버지는 너무 멀리 있었다. 그러나 자신의 다난한 인생을 헤쳐 가는 데 길잡이가 되어 줄 아버지로서 하느님을 발견하고 자신을 맡겼다.

요셉은 꿈을 주의 깊게 듣고 해석할 줄 안다. 이것이 그의 특별한 재주다. 이 재주가 그에게 복이 되어 나라를 지배하는 사람이 되게 한다. 요셉은 형들을 만났을 때 자신의 감정을 드러낸다. 그는 권력자로서의 자제를 잃는다. 그는 울면서 형들에게 입맞춘다. 요셉은 더 이상 자신이 특별한 사람이라는 생각을 하지 않고 형들과 하나가 된다. 이제야 비로소 관계를 맺을 능력이 생겼다. 아버지가 가장 사랑하는 아들로 형제들 위에 있는 것이 아니라 형들과 격의 없이 하나 되는 사람이 되었다. 형들과 새롭게 관계 맺게 됨으로써 파라오가 가족 모두를 이집트로 초대하기에 이른다. 이리하여 이스라엘인들은 이집트에 사백 년 동안 정착한다. 요셉의 운명이 민족 전체의 미래를 결정했다.

요셉은 직업적 성공에만 자신을 한정하지 않고 꿈에 귀 기울일 줄 알고 감정을 드러내 보이는 남자의 모습을 보여 준다. 지배자 역할만 하려 하지 않고 권좌에서 내려와 형제들과 하나 된다. 요셉은 버림받음, 무력감, 외로움과 어둠을 겪었기에 이런 지혜에 도달할 수 있었다. 그는 동화 속 주인공이 걷는 전형적인 길을 걸었다. 남자는 위험을 통과해야 한다. 절망에 빠졌을 때 자신과 계획을 포기하고 오로지 하느님 손에 자신을 맡겨야 한다. 성공을 주관하는 이는 자신이 아니다. 자신의 전부를 하느님 손에 맡길 수 있어야 한다. 성공 가도를 달리고 있을 때보다 실패할 때, 삶의 성공에 대한 보장은 하느님 손에 달려 있다.

요셉은 남자의 다양한 상을 구현하고 있다. 그는 해몽가이며 정치가이자 관리자다. 나는 그를 마술사의 원형으로 보겠다. "마술사는 우주가 그에게 준 재능으로 이 땅에 자신의 발로 서 있다. 그는 생성과 소멸의 영원한 법칙, 창조의 질서를 알며 깨달은 것을 이 땅 위에 실현한다. 그는 이 세상의 표면적 현상을 꿰뚫어 볼 수 있고 이면의 현실을 인식할 수 있다"(Fischedick 236). 마술사는 초자연적인 것, 신적인 것에 대한 지식을 바탕으로 세계를 만들어 내는 기술을 완벽하게 구사한다. 마술사는 모든 것 속에 있는 질서를 알아본다. 마술사의 특징은 자기 안의 명징성이다. 하느님은 꿈을 통해 그에게 직접 현실의 이면을 보여 준다. 요셉은 꿈에 대한 이해를 바탕으로 이 세상을 만들어 나간다. 요셉은 이집트에서 단순한 합리성에 바탕을 두고 정치하는 것이 아니라 하느님이 그에게 준 꿈을 해석하는 능력을 바탕으로 정치한다. 마술사는 이 세계의 깊은 비밀을 알고 있다. 그는 하느님과 닿아 있다. 이러한 하느님과의 내적 연결을 통해 마술사는 하느님의 의지대로 세계를 창조할 수 있다. 아무리 세상과 연결되어 있다 할지라도 결코 자기 삶의 신비로운 차원을 잊지 않는다.

모든 원형이 그렇듯이 마술사라는 원형에도 수많은 위험이 도사리고 있다. 자신 안의 마술사와 만나려는 사람은 항상 조심해야 한다. 그는 마술사라는 원형과 일정한 거리를 유지해야 한다. 원형과 자신을 동일시하면 과대망상에 빠진다. 자신은 위대한 마술에 쓰이는 도구일 뿐, 그 원천은 아니다. 자아도취에 빠지면 비상한 재능으로 사람들을 현혹하는 교주는 되겠지만 자신의 이면은 들여다보지 못한다. 자신 안의 마술사와 내적 거리를 두지 못하는 사람은 마술로 사람을 유혹하고 파멸시킨다. 궁극적으로 그는 정신적 범죄를 저지른다. 영적 오만과 자아도취는 모든 성직자, 상담가, 설교자가 빠지기 쉬운 가장 큰 유혹이다.

오늘날 지도자의 위치에 있는 남자들은 자신 안에 마술사가 필요하다고 느낀다. 이성만으로는 큰 회사를 이끌 수 없다. 그들은 내적 원천, 영감과 창조성이라는 신적 원천에 닿아 있어야 한다. "한 남자 안의 내적 의식이라는 잠재성을 가동시키는"(Arnold 149) 마술사라는 원형과 접해야 한다. 마술사는 그들 영혼에 잠재된 창조성, 가능성을 발굴해 낸다. 단순히 표면적인 것만 보고 모든 것을 계획하고 계산하는 남자들은 영혼의 내적 잠재력을 썩히고 있다. 자기 안의 마술사에 이르는 길을 발견한 사람은 머리로만 생각해서 행동하지 않는다. 내면의 소리에 따라 행동한다. 그러면 일상과 일이 단순하고 합리적인 계산에 따라 처리하는 것보다 훨씬 더 풍부해질 것이다.

문제는 어떻게 내면의 마술사에 이르는 길을 발견할 수 있는가 하는 것이다. 요셉의 이야기는 아버지와의 관계가 마술사가 창조되는 중요한 원천이라는 것을 보여 준다. 요셉은 아버지의 아들이다. 내 아버지는 작은 것에도 감격하는 어린 우리에게 밤이 되면 별과 별자리에 대해 알려 주었다. 그러면 세계의 어떤 비밀이 드러나는 것만 같았다. 숲을 산책할 때는 나무들이 얼마나 아름다운지 말해 주었다. 그런 것에 별 관심이 없던 막내 여동생은 사탕을 사 달라고 가까운 가게에 가자고 조르기만 했다. 하지만 아버지는 아랑곳하지 않고 창조의 신비를 이야기했다. 아버지는 우리에게 전례의 성스러움을 깨닫게 해 주었다. 성탄과 부활의 의미를 이야기해 줄 때 사람이 되신 하느님과 구원의 비밀을 듣고 감동했던 기억이 떠오른다. 내가 기숙사 생활을 할 때 아버지는 집에서 있었던 일뿐 아니라 항상 하느님과 세계에 대한 자신의 견해도 편지에 써 보내셨다. 내가 수련기 때 받은 편지에는 이런 내용이 있다. "가톨릭의 비밀은 사랑에 있다. 이를 깨달은 사람은 하느님과 인간의 연대성에 쉽게 긍정할 것이다." 아버지에게 배운 생각의 즐거움은 많은 것을 알기 위해서가 아니라 우리 존재의 이면을 느껴 보기 위한 것이었다. 아버지는 읽고 생각하는 즐거움을 자신의 일에서도 키워 갔다. 아버지는 아무것도 가진 것 없는 상태에서 자신의 삶을 개척해야만 했다. 그럼에도 아버지는 단순히 물질적인 것만 해결하는 데 만족하지 않았다. 새해를 맞을 때나 가족의 축일에나 아버지는 항상 살아가는 데 중요한 본질, 즉 하느님과 함께하는 삶을 말해 주었다.

마술사의 직관적 능력은 스스로 갖게 된 것이 아니다. 하느님께 받은 것이다. 그가 할 수 있는 일은 자신의 꿈을 믿는 것이다. 우리 모두에게는 이런 마술사가 숨어 있다. 우리는 요셉처럼 하느님이 꿈에서 우리에게 말을 건다는 것을 믿어야 한다. 우리 내면의 정신세계와 접촉하려고 해야 한다. 중요한 방법 중 하나는 명상이다. 명상은 침묵 속에서 내적 공간과 만나게 해 준다. 누구도 들어올 수 없고, 근심과 걱정도 뚫고 들어올 수 없는 곳, 그곳에서 신을 향한 마르지 않는 신적 정신의 원천이 샘솟고 있다. 세상을 만들어 나가려면 우리에게는 이 세상 밖의 한 장소, 세상의 힘이 더는 미치지 못하는 내적 장소가 필요하다. 거기에서 우리는 일상의 문제를 넘어, 더 멀리 내다볼 수 있고 정말로 중요한 것이 무엇인지 알 수 있는 충분한 거리를 얻는다. 특히 경제와 정치 분야에서 중요한 역할을 맡고 있는 남자들이 자신을 위한 영적 길을 찾는다. 이들은 신비주의에 흥미를 느낀다. 신비주의는 세상사를 등지고 자기 안으로 들어가는 것이 아니다. 세상 한가운데서 세상사를 넘어서는 것, 초월하는 것, 곧 신과 접촉하는 것이다. 이런 경험을 바탕으로 일상의 문제들을 대하면 그 속에 매몰되지 않고 더 잘 다룰 수 있게 된다.

모세 | 지도자

모세는 지도자다. 그는 자신의 민족을 이집트의 종살이에서 약속된 자유의 땅으로 이끈다. 모세는 사람들을 이끌 줄 아는 사람이다. 민족은 자신의 영혼 한 부분을 나타내는 비유이기도 하다. 이런 면에서 보면 모세는 자신을 이끌 줄 아는 사람이기도 하다. 성경은 모세가 자신과 민족을 이끄는 방법을 배우는 과정을 서술하고 있다. 모세는 날 때부터 지도자로 태어난 것도 아니고 그의 지도하에 모든 일이 다 성공한 것도 아니다. 모세는 태어날 때부터 은총받은 아이다. 파라오는 히브리인에게서 태어난 사내아이는 모두 죽이라고 명령했다. 어머니는 모세가 너무나 사랑스러워 차마 죽이지 못하고 석 달 동안 숨겨 기르다 모세를 나일강 가에 버렸다.

파라오의 딸은 아이가 울고 있는 왕골 상자를 발견한다. 그녀는 아이를 아들로 삼아 이름을 모세라 했다. "내가 그를 물에서 건져 냈다"(탈출 2,10). 모세는 우리 모두에 대한 비유다. 우리는 결국 버려진 아이, 파라오의 아들딸, 태양의 아들딸이다. 우리는 삶의 난관과 위험에 내맡겨진 채 낯선 곳에서 자란다. 신의 자손으로 특별한 재능을 지닌 버려진 아이에 관한 신화는 널리 퍼져 있다. 로물루스와 레무스로부터 오이디푸스, 크리슈나, 페르세우스, 지크프리트, 석가모니, 헤라클레스, 길가메시 그리고 어려서 이집트로 피난을 가야 했던 예수에 이르기까지 이 여러 인물은 우리 모두가 신의 버려진 자손이라는 것을 보여 준다. 우리 안에 있는 신의 자손을 만나게 되면 신이 부여한 고유한 재능과 소명을 발견하게 된다. 우리는 상처받은 아이지만 상처받은 아이로만 머물지 않는다. 신의 아이는 갱신의 은유다. 삶이 아무리 위협받는다 해도 신의 손에 의해 보호받는, 훼손되지 않는 진정한 자아에 대한 은유다.

모세가 자란 뒤 어느 날, 이집트 사람이 히브리 사람을 때리는 것을 보고 이집트 사람을 죽이고 시체를 모래 속에 파묻는다. 다음 날 히브리 사람 둘이 싸우고 있어 중재하려고 하자 한 사람이 모세를 살인범으로 고발한다. 모세는 미디안으로 도망치고 그곳 사제의 딸과 결혼해 아들을 낳아 게르솜(이방, 황야, 사막의 손님)이라 이름 짓는다. 모세는 좌절했다. 그는 이방에서 여생을 보내야 한다. 지도자가 되려고 했던 첫 번째 시도는 실패했다. 그는 자신의 힘을 믿었다. 그러나 그때까지 자신과 자신의 무력감과 대면하지 못했다. 한 번쯤은 실패를 경험한 사람, 이방에서 고독과 지도자로서의 부족한 재능을 고통스럽게 경험해 본 사람만 다른 사람을 이끌 수 있으리라.

모세가 장인의 양과 염소에게 풀을 먹이고 있을 때 "주님의 천사가 떨기나무 한가운데로부터 솟아오르는 불꽃 속에서 그에게 나타났다"(탈출 3,2). 불타는 가시덤불 속에서 하느님이 그에게 말했다. "나는 이집트에 있는 내 백성이 겪는 고난을 똑똑히 보았고 … 내가 이제 너를 파라오에게 보낼 터이니, 내 백성 이스라엘 자손들을 이집트에서 이끌어 내어라"(탈출 3,7-10). 그러나 모세는 거절한다. 먼저 하느님께 이름을 묻는다. 그러자 하느님은 "나는 있는 나다"(탈출 3,14)라고 밝히신다. 모세는 자신이 없다. 대체 어떻게 사람들을 설득시킬 것인가? 야훼는 사람들을 설득시킬 수 있는 몇 가지 마술을 보여 준다. 그러나 모세는 자신은 말솜씨가 없다며 피하려 한다. 하느님은 모세에게 화를 내며 형 아론을 대변인으로 삼도록 명한다.

모세는 확신을 갖고 지도자의 임무를 맡은 타고난 지도자가 아니다. 가시덤불로 비유된 자신의 무력함과 쓸모없음을 대면해야 한다. 모세는 사람들이 자신의 말을 듣지 않을 것이라고 생각한다. 그는 자신이 말을 잘하지 못한다고 걱정한다. 하지만 하느님은 그에게 임무를 맡으라고 종용한다.

하느님은 모세를 그의 민족에게 보낸다. 모세가 아무리 자신 없다고 거부해도 하느님은 아랑곳하지 않고 그에게 지도자로서의 임무를 맡긴다. 회사에서 지도자의 위치에 있는 남자들은 자신이 타고난 지도자라고 생각한다. 이런 남자는 함께 일하는 사람들을 무시한다. 모세처럼 일단 자신의 무력감과 접하게 되면 좀 더 조심스러워질 것이다. 그러면 함께 일하는 사람이 얼마나 중요한지 알게 되고, 지도하는 데 있어서 무엇이 중요한지 알게 된다.

모세가 맡은 일은 결코 쉬운 일이 아니다. 그는 일단 신기한 마술로 사람들을 쉽게 설득했다. 그러나 파라오가 더 심하게 부리자 사람들은 불평하기 시작한다. 사람들은 모세가 자신들을 해방시키려고 하면 할수록 모든 것이 점점 더 나빠지기만 한다고 생각한다. 모세는 끈질기게 파라오와 협상하며 이스라엘 민족을 놓아 주라고 설득한다. 성공하기까지 파라오의 저항은 강했다. 하느님이 이집트에 내린 재앙을 겪은 후에 비로소 파라오는 이스라엘 민족을 놓아 준다. 기존 질서가 모든 것을 그대로 유지하기 위해 행하는 저항에 재앙으로 맞선다. 단체, 회사, 공동체를 이끄는 사람은 누구나 다 이런 저항이 얼마나 완강한지 알고 있다. 저항에 계속 맞서다간 온 세상이 깜깜해지고, 메뚜기 떼가 추수한 곡식을 덮치고, 모든 것은 파괴되는 것 같다. 그러나 이런 저항에 굴하지 않고 자포자기하지 않으려면 하느님이 부여한 소명에 대한 커다란 믿음이 필요하다.

마침내 모세는 이스라엘 민족을 이끌고 이집트에서 빠져나오는 데 성공한다. 하지만 파라오가 추격해 온다. 앞에는 홍해가 가로막고, 뒤에선 이집트인들이 쫓아온다. "이집트에는 묏자리가 없어 광야에서 죽으라고 우리를 데려왔소? 어쩌자고 우리를 이집트에서 이끌어 내어 이렇게 만드는 것이오? '우리한테는 이집트인들을 섬기는 것이 광야에서 죽는 것보다 나으니, 이집트인들을 섬기게 우리를 그냥 놔두시오' 하면서 우리가 이미 이집트에서 당신에게 말하지 않았소?"(탈출 14,11-12). 백성은 자유를 향해 한 걸음 내디딜 때마다 불안해한다. 이집트에서 배고프지 않았던 삶을 그리워하는 백성을 자유로 이끄는 일은 힘겹다. 백성은 황무지에서 위험을 무릅쓰기보다 차라리 노예로 남고 싶어 한다. 자유로 향한 길은 몰락과 배고픔을 거칠 수밖에 없다. 홍해를 안전하게 건너고, 추격하던 이집트인들이 물에 빠져 죽었지만 백성은 작은 일에도 불평한다. 홍해의 기적도 그들을 설득시키지 못했다. 모세는 번번이 하느님께 도움을 청하며 하소연한다. "이 백성에게 제가 무엇을 해야 합니까? 이제 조금만 있으면 저에게 돌을 던질 것 같습니다"(탈출 17,4).

하느님은 모세에게 사람들의 바람을 어떻게 채워 줄 수 있는지 보여 준다. 아말렉족과 맞닥뜨렸을 때 모세는 앞에서 싸우지 않는다. 산 위에 올라가 이스라엘을 위해 기도한다. 하느님과의 관계를 유지하는 것이다. 그는 자유란 기도의 도움이 있어야만 얻을 수 있다는 것을 안다. 이 기도는 이스라엘을 아말렉족과의 싸움에서 승리하게 해 준다. 모세는 단순히 기도하는 사람일 뿐만 아니라 재판관이었다. 사람들은 온종일 싸움을 중재하고 판결을 내려 달라고 그에게 찾아온다. 장인이 이를 보고 말한다. "자네가 일하는 방식은 좋지 않네. 자네뿐만 아니라 자네가 거느린 백성도 아주 지쳐 버리고 말 걸세"(탈출 18,17). 모세는 장인의 말을 받아들여 믿을 만한 사람들을 판관으로 세운다. 그는 자신의 권력에 집착하지 않는다. 백성을 지속적으로 이끌려면 자기 자신도 돌봐야 한다고 느낀다.

시나이 산에서 모세는 임무를 하나 더 받는다. 입법자가 되고 하느님을 체험하도록 이끄는 길잡이가 된다. 모세는 홀로 산에 올라가 하느님을 만난다. 백성에게 몸을 깨끗이 하고 셋째 날에 하느님을 맞을 준비를 하고 있으라고 전한다. 셋째 날 새벽녘에 천둥과 번개가 치기 시작하자 백성은 두려움에 떤다. "하느님을 만날 수 있도록 모세가 백성을 진영에서 데리고 나오자 그들은 산기슭에 섰다"(탈출 19,17). 모세의 임무는 백성을 정결하게 하고 하느님과의 만남을 위해 준비시키는 것이다. 모세가 하느님께 들은 말을 전하는 것만으로는 부족하며 백성이 하느님을 체험하도록 이끌어야 한다. 그는 하느님의 신비를 향해 백성의 눈을 열어 주는 신관(사제)인 것이다. 모세는 홀로 산으로 올라간다. 거기서 하느님은 "당신 손가락으로 쓰신 돌로 된 증언판을 그에게 주셨다"(탈출 31,18). 모세가 산 위에 있는 동안 백성은 하느님께

등을 돌리고 성공과 다산의 상징인 금송아지 상을 만든다. 이는 모든 지도자가 경험하는 것이다. 사람들은 자신의 눈으로 직접 보는 것, 그들에게 곧바로 성공을 약속해 주는 것에 더 만족해하는 법이다. 미래의 비전이란 먼 이야기다. 산 위에서 무슨 일이 일어날지 누가 알겠는가? 힘들게 미래로 나아가는 것보다 그저 지금 잘 지내도록 내버려 두었으면 좋겠다. 모세는 산에서 내려와 백성이 금송아지를 둘러싸고 춤추는 것을 본다. 모세는 화가 머리끝까지 치밀어 올라 계명이 적힌 증언판을 내던져 부숴 버린다. 보다 나은 미래로 백성을 인도하려는 그의 노력은 실패한 것처럼 보인다.

하느님은 다시금 모세에게 돌판 두 개를 깎아 산으로 올라오라고 한다. 산에서 사십 일 낮과 밤을 금식하며 머무른 뒤 내려왔을 때 온몸에서 빛이 났다. "아론과 이스라엘의 모든 자손이 모세를 보니, 그 얼굴의 살갗이 빛나고 있었다. 그래서 그들은 그에게 가까이 가기를 두려워하였다"(탈출 34,30). 모세는 하느님과 마주 보며 격의 없이 대화할 수 있는 사람이다. 그가 하느님과 이야기를 시작하자 온몸에서 빛이 난다. 모세는 이스라엘 사람들이 두려워하지 않도록 너울로 얼굴을 가려야만 한다. 여기서 모세의 다른 측면이 드러난다. 그는 하느님의 측근인 것이다. 하느님과 이야기할 수 있도록 허락받은 사람이고 하느님 곁에 머무를 수 있는 사람이다. 이는 그를 변화시켜 광채로 만든다. 또한 그에게 이스라엘 민족에 대한 권위를 가지게 한다. 모세는 이스라엘 민족의 법을 만든 사람이다. 그러나 그가 마련한 법은 그저 사람들을 규제하기만 하는 엄격한 법이 아니다. 하느님에 대한 체험에서, 자신의 무력함에 대한 체험에서 나온 것이다. 그가 특별히 하느님과 가까이 있었던 산 위에서 그는 하느님께 계명을 받는다. 사람들을 이끄는 사람은 자신에게서 물러나 산 위에서 하느님이 가까이 계심을 체험해야 한다. 넓은 시야를 얻기 위해 산 위에 올라 일상과 거리를 둘 필요가 있다. 고독 속에서 자신과 자신의 무력함을 하느님께 드러내 보이면 올바른 선택을 하는 데 하느님의 도움을 받을 것이다. 그러면 지도자의 명령은 작은 일에 시시콜콜 매몰되지 않고 사람들에게 하늘을 열어 보여 줄 것이다. 그러나 다른 사람들에게 하느님이 원하는 바를 전달하기 전에 먼저 하느님을 통해 자신을 변화시키고 깨달음을 얻어야 한다.

모세는 하느님을 체험하고 하느님을 만나 내적 변화를 겪은 사람이므로 이스라엘 민족은 그의 말을 따른다. 물론 시나이 산 위에서 하느님을 깊이 체험한 후에도 하느님과 모세를 향한 저항은 그치질 않는다. 이스라엘 민족은 자기 연민에 빠진다. "누가 우리에게 고기를 먹여 줄까? 우리가 이집트 땅에서 공짜로 먹던 생선이며, 오이와 수박과 부추와 파와 마늘이 생각나는구나. 이제 우리 기운은 떨어지는데, 보이는 것은 이 만나뿐, 아무것도 없구나"(민수 11,4-6). 모세는 하느님을 원망한다. "어찌하여 당신의 이 종을 괴롭히십니까? 어찌하여 제가 당신의 눈 밖에 나서, 이 온 백성을 저에게 짐으로 지우십니까?"(민수 11,11). "저 혼자서는 이 온 백성을 안고 갈 수 없습니다. 저에게는 너무나 무겁습니다"(민수 11,14). 지도자의 위치에 있는 남자들은 이 탄원을 잘 안다. 그는 책무를 짐으로 느끼고, 부하 직원들은 전달하고자 하는 바를 이해하지 못하는 것 같다. 하느님은 모세에게 원로 일흔 명을 불러 모으라고 한다. 모세에게 있는 하느님의 영을 조금 덜어 그들에게 나누어 주어 모세 혼자만 책임을 떠맡지 않도록 한다. 어떤 남자들은 짐을 여럿이 나누어 지고 함께 문제를 해결하기보다 차라리 혼자 짐을 진 채 무너지는 쪽을 택한다.

모세는 되풀이되는 불의와 저항에 싸워야 했다. 모세는 하느님이 그에게 약속한 땅으로 정찰대를 보낸다. 그들은 그 땅에서 난 과일을 가지고 돌아와 젖과 꿀이 흐르는 좋은 땅이라고 전한다. 하지만 그들은 그 땅에는 절대로 이길 수 없는 거인들이 살고 있다고 말해 사람들을 겁먹게 한다. 지도자는 항상 그에게 반대해 지도권을 잡으려는 세력과 맞닥뜨리게 된다. 그들은 회사가 제시한 비전을 형편없는 것으로 깎아내리고 무엇이든 부정적으로 본다. 새로운 땅에서 가지고 온 과일을 보고 기뻐하기보다 걸림돌이 되는 거인들을 보는 것이다. 자신의 비전을 확고히 믿고 저항과 끊임없이 대결하기 위해서는 상당한 인내가 필요하다. 이스라엘인들은 열 번이나 하느님과 모세에게 반항했다. 그때마다 모세는 항상 그들을 용서해 달라고 이스라엘 민족 편을 들고 나선다. 하느님은 그의 말을 들어준다. 그러나 반항했던 사람들은 약속된 땅을 보지 못하고 죽어야만 했다. 그 후손들만 약속된 땅을 볼 수 있게 된다. 그리하여 이스라엘 민족은 서른여덟 해를 더 광야에서 유랑한다. 그 와중에도 저항과 반란은 계속된다. 이 모든 갈등 속에서도 모세는 결코 포기하지 않고 항상 민족을 위해 헌신한다. 모세도 하느님이 이 민족에게 물을 주실 것인지 의심한 적이 있어서 약속된 땅을 밟지 못한다. 그는 자신의 노력으로 이룬 결실을 다른 사람에게 넘겨야 한다. 그는 하느님께서 그들에게 약속한 땅을 보기 위해 느보 산에 오른다. 후계자로 여호수아를 지명한 뒤 죽는다. 모압 땅 골짜기에 묻혔는데 오늘날까지 아무도 그가 묻힌 곳을 알지 못한다.

모세가 겪은 운명은 참 독특하다. 그는 최고의 예언자였다. 이스라엘 사람들은 늘 그의 말을 인용한다. 그는 하느님과 마주 보고 사귀던 사람이다. "주님께서는 마치 사람이 자기 친구에게 말하듯, 모세와 얼굴을 마주하여 말씀하시곤 하였다."(탈출 33,11). 오직 그만이 하느님과 마주해 이야기할 수 있도록 허락받았다. 그러나 하느님은 마지막 소망, 마지막 성공을 허락하지 않는다. 민족을 이끌고 들어갈 땅을 그는 볼 수 없게 된다. 그가 죽은 뒤 다른 사람이 민족을 이끌 것이다. 모세는 민족을 떠맡아야 했고 항상 자신의 갈등과 싸웠던 지도자다. 그에 관한 이런 말도 전해진다. "모세라는 사람은 매우 겸손하였다. 땅 위에 사는 어떤 사람보다도 겸손하였다"(민수 12,3). 폰투스의 에바그리우스Evagrius von Pontus는 '겸손한'이란 말을 '온화한'으로 번역한다. 모세의 온화함은 영적 지도자들의 모범이다. 그들은 자신의 격정을 극복한 후에야 비로소 다른 이들을 하느님께 이끌 수 있다. 온화함은 자기 자신과의 평화를 찾은 사람에게 나타난다. 겸손함은 자신의 어두운 이면을 마주 볼 수 있는 용기다. 위대한 지도자였던 모세는 겸손했다. 그는 자신의 한계와 약점이 무엇인지 잘 알고 있었다. 책임져야 하는 자리에 있는 남자들이 다 이렇지는 않다. 그들은 다른 모든 이에게 강하다고 인정받고 싶어서 자신의 약점을 숨긴다. 진정한 강함은 자신의 이면을 외면하지 않고 대면하고 화해하는 데 있다.

모세가 걸었던 자기를 찾는 과정은 진정한 남자가 되려는 모든 이에게 요구된다. 책임지고 거기서 비롯된 갈등을 마주하는 법을 배워야 한다. 항상 불평하면서 어머니 품을 그리워하는 '백성'의 반항에 대항해 자신의 뜻을 관철시키는 법을 배워야 한다. '반항하는 백성'은 한 남자 안에 있게 마련인 어떤 부분에 대한 비유라고도 볼 수 있다. 이를 달리 말하면 모세의 행동은 이집트의 고깃국을 그리워하는, 즉 어머니 품으로 돌아가려는 퇴행적 경향을 이겨 내려는 것을 의미한다. 우리 안에는 자유를 향한 동경과 함께 두려움이 있다. 자유를 얻기 위해 우리는 기존의 안정, 즉 어머니의 보살핌 혹은 어머니 같은 역할을 하는 교회나 회사에서 벗어나야 한다. 남자가 된다는 것은 위험을 무릅쓴다는 것이며, 광야를 가로지르는 것이다. 그 여정은 온전히 자신일 수 있는 약속된 땅에 이르는 길이라는 확신도 없이 굶주림과 갈증을 견뎌 내는 것이다. 자유를 향한 도정에서 오히려 어린 시절 잃어버린 낙원으로 돌아가고 싶어 하는 남자가 많다. 보살핌과 안전, 보호받는다는 느낌, 강한 향수와 대면하게 된다. 그러나 자유를 향한 길에서는 안전과 의존에서 벗어나는 과정을 거쳐야 한다. 그 길은 우리 안에 깊이 자리한 두려움을 일깨운다. 모세는 두려움과 욕구, 내적 반항과 퇴행적 경향과 대결한다. 기도 속에서도 늘 자신의 반항을 막는 하느님과 대항한다. 그의 기도는 단순한 동의가 아니다. 하느님과의 싸움이다. 하느님을 비난하고 그가 진 무거운 짐을 원망한다. 그러나 포기하지 않는다. 사람들이 매번 그를 실망시켜도 백성을 믿고 불만투성이인 이들에게 하느님의 약속을 믿게 한다.

지도자로서 모세는 남자가 되는 것이 무엇인지 그 본질을 보여 준다. 남자는 책임을 져야 한다. 남자는 단순히 다른 사람이 명령하는 것을 행하는 것이 아니라 지도하는 임무를 지닌다. 가정에서는 가장으로서 지도자의 의무를 맡는다. 그가 일하는 모든 집단에서 지도자인 동시에 지도받는 사람이다. 문제는 우리가 어떻게 지도자가 되는 법을 배울 수 있는가 하는 것이다. 다른 지도자들이 하는 것을 그대로 흉내 낸다고 지도자가 되는 것은 아니다. 그 첫 걸음은 우리 안에 있는 신의 아이를 만나는 일, 자신의 창조성과 자유로운 발상을 만나는 일이다. 우리는 자신의 느낌을 믿는 법을 배워야 한다. 둘째 걸음은 진실한 자신과의 만남이다. 지도력을 얻으려는 모세의 첫 시도는 실패한다. 이방에서 자신의 무력감과 한계를 대면하고 하느님이 부를 때까지 기다려야 했다. 자기 스스로 지도자가 되겠다고 나설 수도 없고, 사람들이 지도자로 삼겠다고 해서 되는 것도 아니다. 그것은 결국 하느님에 의한 부름이다. 그 이후에야 비로소 모세는 저항을 극복하고 하느님의 뜻(모세 자신의 비전이라고 말할 수도 있겠다)을 실현하는 법을 배워야 한다.

이때 세 가지 조건이 충족되어야 한다. 우선 온화함 혹은 겸손함이다. 지도자는 자신과 평화로운 관계를 유지해야 한다. 이는 자신이 이끌어야 하는 사람들에게 자신의 약점을 전가해 그들을 혼란스럽게 만들지 않게 하기 위해서다. 또한 물러나는 일, 하느님과 대화하는 일이 필요하다. 이 대화에서는 단순히 고요한 명상이 아니라 자신의 모든 느낌, 불만, 두려움, 초조함까지 모두 하느님에게 밝히는 것이 중요하다. 기도가 흔히 모세의 외침과 탄원처럼 되기도 한다. 하느님 앞에 분노와 실망을 털어놓기도 하고 불만을 토로하고 애통해한다. 하느님 앞에서 모든 것을 쏟아 붓고 나면 그러한 감정들은 어느새 변하고 감정의 내적 더러움은 정화된다. 지도자는 더러움에 휩쓸려서는 안 된다. 다른 이들이 쌓아 놓은 부정적 감정의 더러움을 씻어 내야 한다. 불평불만이나 자포자기에 물들어서는 안 된다.

셋째 조건은 공격성을 잘 소화하는 일이다. 모세가 아무리 온화하다 해도 때로는 공격적이기도 했다. 그는 계명이 적힌 증언판을 두 번이나 던져 깨 버린다. 하느님과의 대화에서 그의 공격성이 드러난다. 그는 백성 앞에서 자신의 공격성을 원만히 소화하기 위해 먼저 하느님에게 자신의 공격성을 전부 드러낸다. 그의 공격성은 목표를 끈질기게 추구하고 포기하지 않도록 돕는다. 그리고 공격성은 그에게 저항을 극복할 힘을 준다. 공격성은 성적 욕구와 함께 삶의 에너지 원천이다. 자신의 공격성을 잘라 버리는 사람들에게는 힘이 없다. 진정한 남자가 되느냐 또는 현실에 순응하기만 하는 남자로 머무느냐는 공격성을 어떻게 잘 소화해 내느냐에 달려 있다. 독일어 '공격성'(Aggression)은 라틴어 '다가간다'(ad-gredi)에서 왔다. 공격성은 어떤 문제를 회피하는 게 아니라 그것을 해결하러 나서는 것이다. 공격성은 기존의 것에 안주하려는 사람들의 저항에도 불구하고 자신이 옳다고 생각한 것을 관철시키는 데 필요한 힘의 원천이다. 공격성은 진보의 중요한 동력이다. 공격성은 파괴하려는 것이 아니라 무엇인가를 위해 자신을 던지려는 힘이다. 그것은 나아가 친밀함과 거리감의 관계를 조절한다. 내가 공격적이 될 때는 다른 사람이 나의 경계를 넘어 들어왔다는 표시다. 공격성은 나 자신과 나의 내적 충동에 다가가기 위해 나를 다른 이들과 구분하는 힘이다. 또한 안팎의 저항에도 불구하고 내적 이념을 실현시키는 에너지다.

남자들은 공격성에 끌린다. 그들은 원만한 방식으로 공격성을 발산할 수 있는, 예컨대 축구, 핸드볼, 권투, 레슬링, 자전거나 자동차 경주 같은 스포츠를 찾는다. 공격성을 원만하게 소화해 내는 방식이 늘 관건이다. 공격성이 파괴적으로 변하지 않으려면 페어플레이가 필요하다. 다른 이들을 말살하는 대신 그들과 겨루는 것이다. 싸우는 가운데 비로소 그들 안에 있는 힘을 발견한다. 육상 선수가 강한 상대와 함께 뛰면 더 좋은 기록을 내는 것처럼 상대 선수를 통해 서로가 성장할 수 있다. 공격성은 남자에게 견뎌 낼 수 있는 힘, 저항에도 불구하고 자신의 계획을 포기하지 않는 힘을 준다. 그러나 공격성은 내적 거리를 필요로 한다. 모세는 물러나기 위해, 그리고 어디에 어떻게 자신의 공격성을 사용할 것인지 깨닫기 위해 산으로 올라간다.

발터 홀슈타인이 오늘날 남자들에게 기대하는 바를 모세가 구현하고 있다. 홀슈타인은 남자는 자신 안의 프로메테우스를 계발해야 한다고 주장한다. "그것은 곧 정신적 도전, 비전과 유토피아를 그려 보이는 것, 남자들이 오늘날에도 여전히 이정표를 세우고 방향을 제시할 수 있음을 보여 주는 것, 문제를 방치하는 대신 해결하려고 나서는 용기와 행동하는 사람일 수 있음을 보여 주는 것, 곧 권력을 버리고 자유를 감행하는 일이다"(Hollstein 25). 모세는 삶을 위해 투신했다. 백성의 정신적 대결을 무릅쓰고 타성의 저항을 이겨 내고 그들을 자유로 이끌었다. 모세가 이러한 능력을 처음부터 지니고 있었던 것은 아니다. 자신이 무가치하고 실패했으며 무시당한다고 느꼈을 때 하느님께서 주신 그의 소명에 응답했다. 우리 모두가 지도자로 태어난 것은 아니다. 모세처럼 하느님의 부름에 응답하고 하느님의 인도에 따라 자유로 이끌린 사람은 다른 이들을 자유와 삶으로 이끌 수 있는 남자로 성장하게 될 것이다.

삼손 | 전사

삼손 이야기는 어린 나를 사로잡았다. 삼손 이야기를 처음 들었을 때 그가 가진 무한해 보이는 힘, 모든 관습에서 벗어나는 자유분방함과 대담함에 놀랐다. 삼손은 태어날 때부터 하느님께 바쳐졌다. 그의 힘은 하느님에게서 왔으며 필리스티아인들의 지배에서 자기 민족을 해방시키기 위한 힘이었다. 또한 하느님은 그를 방황하게 했다. 삼손은 필리스티아인을 아내로 맞는다. 그녀를 아내로 맞아들이러 가는 길에서 자신을 가로막는 사자를 찢어 죽인다. 혼례식에서 그는 손님들에게 수수께끼를 하나 낸다. 손님들이 수수께끼를 이레 이내에 풀지 못하면 삼손에게 속옷 서른 벌과 예복 서른 벌을 주어야 한다. 아내가 울며 졸라 대자 삼손은 답을 말해 주고 아내는 필리스티아인들에게 전한다. 그에 대한 복수로 삼손은 남자 서른 명을 죽여 혼례식 손님들에게 줄 예복을 마련한다. 그는 아내와 헤어져 아내를 친구에게 준다.

삼손은 힘만 센 게 아니라 필리스티아인들에게 위협이 될 만큼 자유로운 발상으로 가득 차 있었다. 그는 여우 삼백 마리를 잡아 두 마리씩 짝을 지어 꼬리에 홰를 매달고 불을 붙인다. 여우들은 불타는 홰를 달고 온 들판과 포도밭과 올리브 농장까지 태워 버렸다. 자신의 부족이 그를 잡아 필리스티아인에게 넘겼을 때 그는 사슬을 끊고 당나귀의 턱뼈로 필리스티아인들을 쳐 죽인다. 그 후 삼손은 또다른 필리스티아 여자 들릴라와 사랑에 빠져 그녀와 결혼한다. 필리스티아인들은 그녀에게 삼손의 초인적 힘이 어디서 나오는지 꼭 알아내라고 다그친다. 처음 세 번은 삼손이 그녀를 속였지만 결국 비밀을 말한다. "마음은 내 곁에 있지도 않으면서, 당신은 어떻게 나를 사랑한다고 말할 수 있어요? 이렇게 나를 세 번이나 놀리면서, 당신의 그 큰 힘이 어디에서 나오는지 말해 주지 않는군요.' 이런 말로 들릴라가 날마다 들볶고 조르는 바람에, 삼손은 지겨워서 죽을 지경이 되었다. 그래서 삼손은 자기 속을 다 털어놓고 말았다. '내 머리는 면도칼을 대어 본 적이 없소. 나는 모태에서부터 하느님께 바쳐진 나지르인이기 때문이오. 내 머리털을 깎아 버리면 내 힘이 빠져나가 버릴 것이오. 그러면 내가 약해져서 다른 사람처럼 된다오'"(판관 16,15-17). 삼손은 하느님께 바쳐진 사람

'나지르인'으로서 유다의 관습에 따라 머리를 자를 수 없었다. 그러나 들릴라는 삼손을 무릎에 뉘어 잠들게 한 후 그의 머리카락을 잘라 버리고 삼손은 모든 힘을 잃게 된다. 필리스티아인들은 그를 사로잡아 두 눈을 뽑아 버린다. 그러고는 감옥에 가둔다. 얼마 후 필리스티아인들이 큰 연회를 열었을 때 그를 조롱하려고 데려오게 한다. 그러나 감옥에 있는 동안 머리카락은 다시 자라났다. 삼손이 그 집을 받치고 있는 기둥을 뽑아 버리자 집 전체가 무너져 내린다. "삼손이 죽으면서 죽인 사람이, 그가 사는 동안에 죽인 사람보다 더 많았다"(판관 16,30).

초대교회는 삼손의 이 영웅담을 신학적으로 해석했다. 그리스 영웅 헤라클레스의 무용담을 연상시키는 태양의 아들 삼손에게서 예수의 모습을 보았다. 마리아에게 그랬듯 마노아에게 한 천사가 삼손의 탄생을 알린다. 아들은 신에게 바쳐진다. 적들에 대한 승리는 말씀으로 적을 물리친 예수의 승리에 대한 비유다. 삼손이 가자 성문을 무너뜨린 것은 예수가 부활하면서 죽음의 문을 부순 것에 대한 비유가 된다. 삼손은 예수처럼 묶이고 조롱당한다. 자신의 죽음으로 적을 파멸시킨 삼손의 죽음은, 죽음을 통해 우리를 구원한 십자가 예수의 죽음에 비유된다. 이런 방식으로 초대교회는 삼손 이야기 중에서 우리에게 거부감을 주는 요소들을 제거했다. 그러나 교부들의 해석을 우리는 이렇게 이해할 수도 있다. 교부들은 삼손 이야기를 통해 남자가 되기 위해 우리가 걸어가야 할 길에서 한 원형을 보고자 한 것이다. 남자가 된다는 것은 악을 이기고 적들에게 삶을 지배당하지 않는 것이다. 또한 희생자의 역할에서 벗어나 삶을 위해 투쟁한다는 것을 포함한다. 남자가 되는 길에서 우리는 투쟁하다 패배할 수도 있다는 위험을 감수해야 한다.

삼손은 전형적인 전사다. 오늘날 우리는 전사의 원형을 거부한다. 두 차례에 걸친 세계대전으로 인해 수많은 사람이 목숨을 잃었고 세계를 전쟁으로 몰고 가는 것은 언제나 이런 전사형 인간들이기 때문이다. 전사의 원형에는 양면이 있다. 이는 그리스 전쟁의 신 아레스Ares(라틴어 마르스Mars)에게서도 드러나는데, 그는 긍정적 남성 에너지의 화신이면서 한편으로는 신경질적인 성격과 호전성 때문에 올림포스의 신들에게 무시당한다. 아레스형 남자는 "자신의 감정과 몸을 직접 주도하지만"(Bolen 256) 또한 통제 불능의 호전성을 지니고 있다.

긍정적인 의미에서 전사는 자신의 두려움을 정면으로 대하고 자신의 삶을 스스로 주도하는 인간형을 말한다. 진정한 전사는 삶을 위해 싸운다. 그는 누구에 대항해 싸우는 것이 아니라 사람들이 평화 속에서 살 수 있도록 사람들을 위해 싸운다. 전사의 원형을 실현하지 않고서는 "우리는 절대로 자각적인 방식으로 평화와 결속을 이루어 낼 수 없을 것이다"(Fischedick 149). 진정한 전사는 자신의 삶에 책임을 진다. 그는 다른 사람들의 기대에 선을 긋는다. 이 때문에 갈등이 생기기도 한다. 갈등으로 인한 좋지 않은 경험 때문에 갈등을 피하려고 하는 사람이 많다. 그러나 자아를 키워 나가려면 갈등을 피해서는 안 된다. 피하기만 하면 불만이 쌓인다. 불만은 적절하지 않을 때 터져 나올지도 모른다. 지그문트 프로이트는 당시의 교육이 청소년들에게 공격성을 다루는 방법을 가르치지 못하고 있다고 비판했다. 청소년들이 폭력에 기우는 오늘날에는 더욱 다른 사람에게 해를 끼치지 않으면서 공격성을 제대로 소화해 낼 수 있는 적절한 지도가 필요하다. 폭력은 공격성을 제대로 다루지 못해 일어난다. 폭력적인 사람은 자신의 공격성을 제어하는 대신 공격성에 지배를 받는다. 공격성은 친밀함과 거리감의 관계를 규정하며 다른 이들의 기대에 대해 선을 그을 수 있도록 도와준다. 자신에 대한 권한을 다른 사람에게 넘겨준 사람은 폭력을 행사한다. 자신 밖으로는 경계를 그을 수 없어서 자신을 내적으로 점령하고 있는 것을 파괴하려고 한다. 동시에 자기 자신을 파괴한다. 폭력적인 사람은 자신에게 폭력을 쓴다. 자신의 영혼을 죽인다.

삼손은 전능하지 않다. 그에게는 약점이 하나 있다. 머리카락이 잘리면 그는 모든 힘을 잃는다. 그리스의 용맹한 영웅 아킬레우스는 뒤꿈치에 약점이 있다. 게르만 민족의 영웅 지크프리트도 약점이 없는 것은 아니다. 지크프리트가 용의 피로 목욕할 때 어깨 위에 보리수 나뭇잎이 떨어져 약점으로 남게 된다. 삶의 투쟁에 나서는 사람 누구나 언젠가는 상처 입게 마련이다. 오늘날 우리 사회는 대중 앞에 나서는 강한 남자들에게서 어떻게든 약점을 찾아내려 하고 그들을 감시하는 데 혈안이 되어 있다. 자신의 약점이 노출되는 것이 두려워 자신이 만들어 놓은 방패 뒤에 숨는 남자가 많다. 혹은 정확성을 전면에 내세우며 그 뒤로 숨는다. 문제는 일단 어떻게든 실수하지 않는 것이다. 그러나 이렇게 하면 결국 아무것도 할 수 없다. 그들은 위험을 감수하려 하지 않고 실패하면 세상 모두가 자신을 공격할지도 모른다는 두려움에 빠진다. 때문에 올바른 일을 위해 싸우기를 포기한다. 정의와 평화를 위해 인생을 거는 것을 거부한다. 진정한 남자는 자신의 약점을 피하지 않는다. 아무리 여론이 그를 공격해도 찢어진 상처를 안고 싸우기를 멈추지 않는다.

그리스인은 남자의 깊은 고통, 즉 '아고니아'*Agonia*에 대해 말한다. 루카는 올리브 산 위에서 아고니아에 빠진 예수를 묘사한다. 에텔베르트 슈타우퍼Ethelbert Stauffer는 아고니아를 "세계의 운명이 달려 있는 결전을 앞두고 승리를 염려하는 것"(Grundmann, *Lukas* 412)으로 이해한다. 아고니아는 생사를 건 싸움, 목숨을 잃을지라도 무엇인가를 위해 자신을 기꺼이 내던질 준비가 되어 있음을 말한다. 남자가 되는 길에는 삶을 위한 투쟁에서 죽음의 위험을 무릅쓰는 것도 포함되는 게 분명하다. 예수회 사제 패트릭 아널드Patrick Arnold는 말했다. "남자는 아고니아와 더불어 사는 법을 배워야 한다. 내 삶의 관객으로 머물러 테라스의 흔들의자에 앉아 나이

든 숙모들과 레몬차를 마시며 생을 보내지 않으려면 말이다"(Arnold 61). 전사의 원형을 마주하는 사람은 상처 입고 두려움에 빠지게 될 것이다. 그는 갈등을 포함한 삶을 마주한다. 그에게서는 삶이 나오게 된다. 그러나 관객으로 머물러 있는 이들에게서는 권태와 지루함 외에는 아무것도 나오지 않는다. 삶의 관객들은 영악할지는 몰라도 삶을 위한 투쟁에 결코 참여하지 않는다.

테러와 전쟁의 위험에 항상 직면하는 오늘이기에 전사의 원형에 대해 숙고해 보는 것이 더욱 중요하다. 가장 큰 위험은 "자신의 의미와 가치, 자신의 남성성에 확신을 갖지 못한"(Arnold 142) 감정적으로 상처받은 남자들이 자신을 전사의 원형과 동일시하는 것이다. 그런 전사들은 파괴하고 재앙을 일으킬 뿐이다. 전사의 첫째 계명은 "절대 폭력을 휘두르거나 맹목적인 분노 혹은 복수심으로 행동하지 않는 것이다"(Arnold 145). 자신이 내적으로 파괴되었기 때문에 다른 사람들을 파괴해야만 하는 사람은 결코 전사가 아니다. 오히려 전사의 원형에 지배받는 것이며 점점 더 자신을 파괴하게 된다. 로버트 블라이Robert Bly는 진정한 전사의 원형은 우리들의 심리적 경계선을 보호하는 것과 관련이 있다고 한다. 전사는 외부의 개입과 주위의 공격에 대해 경계를 그어 자신을 지킨다. 전사의 원형은 또한 악에 대한 저항을 의미한다. 이는 남자의 중요한 덕목을 보여 준다. "용기, 희생, 인내, 능숙함과 영웅적 초연함"(Arnold 142) 같은 것이다. 전사는 폭력적이지 않다. 평화를 위해 싸운다. 마하트마 간디나 마틴 루터 킹 같은 평화 운동가들은 희생자에 머물러 있기를 거부함으로써 전사의 원형을 구현했다. 그들은 전사의 힘으로 수많은 저항에 맞서 평화를 촉구했으며 결국 평화를 이루어 냈다. 전사의 반대는 평화 운동가가 아니라 나서서 선을 위해 싸우지는 않고 자신을 희생자라고 자처하면서 모든 것이 잘못되었다고 한탄만 하는 무기력한 희생자들이다.

삼손 이야기는 전사의 몇 가지 본질적 측면을 보여 준다. 삼손은 사자를 길들이는 사람이다. 그는 사자와 겨루어 사자의 힘을 얻는다. 자신의 공격성을 잘 다룬다. 수수께끼 놀이에서처럼, 힘으로 싸우지 않고 머리로 싸운다. 그는 싸움을 즐긴다. 삼손은 부족이 그를 필리스티아인들에게 넘기기 위해 묶어 놓은 사슬을 풀어 버릴 줄 아는 탈출 마술사다. 그는 남들과 친구들의 의견에 휘둘리지 않는다. 전사는 친족의 틀에서 독립한 자유로운 남자다. 누구도 그를 묶어 둘 수 없다. 결국 삼손은 적들과의 싸움에서 자신의 목숨을 건다. 오늘날에는 이익 관계로 얽혀 있는 집단과 단체를 박차고 나와 자유롭게 삶을 위해 투쟁하는 남자가 필요하다.

오늘날 남자들이 영성에 대해 관심을 보이지 않는 이유는 아마 영성이 너무 안온하고 평화로운 요소들을 포함하고 있어서 전사의 힘을 느낄 수 없기 때문이 아닐까 한다. 그러나 초기 수도회는 영적인 길을 투쟁으로 이해했다. 누르시아의 베네딕도는 '그리스도의 군사'(militia Christi)라고 표현하며,

순명이라는 무기를 들 것을 수도자에게 권고한다. 수도자를 "참된 왕이신 주 그리스도를 위해 '분투'(militari)하고자 순명의 극히 강하고 훌륭한 무기를 잡는 자"(베네딕도 『수도 규칙』 머리말 3)라고 표현한다. 초기 수도회와 교부들은 스토아철학을 모범으로 삼아 정신적 투쟁, 격정과 악령과의 투쟁을 이야기했다. 베네딕도는 이 전통을 따랐다. 바실리우스는 이렇게 쓴다. "이 세상의 군인은 보이는 적과 싸우러 전쟁에 나간다. 그러나 너 자신과 영원히 대적하는 것은 보이지 않는 적과 싸우는 것이다"(Basilius, *Holzherr* 37). 계속해서 그리스도의 군사는 어떤 일이 있더라도 '왕이신 그리스도에 봉사하는 것'을 멈춰서는 안 된다고 쓰고 있다. 이 말을 심리학적으로 해석한다면 진정한 자아에 봉사하고, 흔들림 없이 자신의 중심에 이르는 길을 찾으라는 뜻일 것이다.

진짜 싸움은 우리 마음속에서 일어난다는 사실을 베네딕도는 분명히 알고 있었다. 당시에 이 영적 투쟁은 젊은이들을 그것도 강한 남자들을 많이 끌어당겼다. 그에 비해 오늘날에는 우울한 남자들이 영적 생활에 이끌리는 듯하다. 우리 시대에는 다시금 초기 수도자들이 구현했던 남성적 영성이 필요한지도 모른다. 그러면 많은 남자가 영적 투쟁을 하기 위해 다시 초대에 응하게 될 것이다. 이 투쟁은 단순히 내적 투쟁일 뿐 아니라 외부를 향한 투쟁, 삶의 도전에 대한 지속적인 대결이기도 하다. 전사는 포기하지 않고 견지한다. 그는 어려움이 닥쳐도 물러서지 않는다. 베네딕도 수도회의 기본 자세인 '정주'(stabilitas)는 구체적으로 수도생활의 꾸준한 안정성을 의미한다. 이는 단순히 한 장소에 머무름을 의미하는 것이 아니라 내적 견지, 삶의 갈등을 회피하지 않음을 의미한다. 싸우면서 견지하는 사람은(초기 수도자들은 이렇게 생각했다) 예수의 정신을 이해하는 사람이다. 예수도 물러서지 않고 끝까지 싸우는 전사였다. 예수는 갈등을 피하지 않고 십자가에서 비통한 최후를 맞기까지 견뎌 냈다.

초대교회 성인들 중에는 게오르기우스, 아카티우스, 마우리티우스처럼 군인도 많았다. 이 성인들에 대한 전기를 보면 군인으로서 삶에 참여할 것을 강조하고 있다. 그들은 자신의 전투적 성정을 사람들에게 겨누지 않고 사람들의 보호와 안전을 위해 헌신한 군인이었다. 전쟁은 싸움과는 또 다른 것이다. 스포츠 경기에서는 자신의 목표를 위해 싸운다. 전쟁에는 적이 있다. 지금 우리에게 적은 삶을 빼앗아 가려는 존재다. 초기 수도자들이 그들의 길을 가로막고 삶을 방해하는 악령들과 싸울 때 삶을 위해 싸우는 성인들이 모범이 되어 주었다. 이런 연유로 베네딕도는 수도자를 군사로 이해하면서 자신을 말살하려는 세력들과 계속 대결해야 한다고 보았다.

중세에는 미네(Minnedienst)라는 사랑을 위한 기사들의 의무가 있었다. 기사들은 그들이 경애하고 숭배하는 여인을 위해 혹독한 싸움을 치렀다. 그들은 투쟁과 사랑을 결합했다. 기사는 무조건 돌격하는 사람이 아니다. 싸움과 절제,

법규를 결합한 사람이었다. 그들은 가난한 이들을 위해 봉사하며, 자신만을 위해 여인을 소유하려 들지 않았고 고귀한 여인을 향한 찬가를 불렀다. 유다계 철학자 발터 슈바르트Walter Schubart는 이런 종류의 사랑을 경애라 했다. "경애는 12세기에 여자를 존중하는 마음과 함께 생겨났다. … 그때까지 남녀 관계를 규정하던 위계질서를 뒤집으면서 여자에 대한 숭배로 남자를 이끈 여자들은 천재였음이 틀림없다" (Schubart 121). 전사들은 여자도 험하게 대할 것이라고 생각할지도 모른다. 미네에서는 정반대다. 기사는 여인을 소유하려 들지 않았다. 그는 여인을 사랑했고 사랑을 아름다운 노래로 표현했다. 숭배하는 여인에게 존경의 뜻으로 항상 거리를 두었다. 우리가 미네를 그대로 따라할 수는 없지만 미네를 통해 우리 안의 싸우는 자와 사랑하는 자를 결합하는 것을 배울 수 있다. 분명 이 두 원형 사이에는 내적 관련이 있다. 다음 장에서 다룰 다윗 왕은 싸우는 자와 사랑하는 자 두 원형을 자신 안에 결합한 인물이다.

다윗 | 왕

다윗은 이스라엘 역사상 최고의 전사이자 최고의 왕이다. 이스라엘 민족은 그를 항상 기억한다. 전사이자 왕이고, 가수이자 시인이었다. 또한 연인이었다. 리처드 로어는 다윗은 모든 원형을 자신 안에 결합한 인물이라고 했다. 다윗은 투쟁하면서도 사랑할 수 있는 사람이었다. 냉정하면서도 비파를 연주하며 노래했다. 그는 이 책 제목이 말하는 양극을 결합한 인물이다. 다윗에게서 우리 안의 양극, 즉 투쟁과 사랑을 결합하는 법을 배울 수 있다.

다윗은 연인일 뿐 아니라 친구였다. 다윗의 최대 적은 사울이었지만, 다윗은 그의 아들 요나탄과 우정을 나누었다. 그 둘의 우정을 성경은 감동적인 언어로 묘사하고 있다. 두

전사 사이를 동성애자들은 자신들이 느끼는 친교의 이상형으로 삼는다. 그렇다고 해서 다윗 혹은 요나탄이 동성애자였다는 것은 아니다. 이와 관련해 성경이 우리에게 말해 주는 것은 없다. 그러나 최소한 이 두 사람이 느끼는 감정은 동성애적 색채를 띤다. 둘 사이에는 단순한 동지애보다 깊은 감정적 교류가 있다. 이렇듯 왕으로서 다윗은 모든 것, 즉 왕이었고, 연인이자 친구이며, 시인이자 가수였다. 우리는 다윗의 이런 다양한 모습을 어떻게 하나로 모아 이해할 수 있을까? 성경이 전해 주는 다윗의 이야기를 따라가 보자.

사무엘은 사울을 왕으로 세웠다. 그러나 사울이 하느님께 불복하자 내쳐진다. 하느님은 사무엘을 이사이에게 보낸다. 이사이의 아들 중에서 왕이 될 사람을 보아 두었다는 것이다. 사무엘은 이사이의 막내 아들 다윗을 기름부어 축성했다. 그러나 이 사실을 대중들에게는 비밀로 했다. 사울에게서 하느님의 영이 떠나자 그는 우울증에 걸렸다. 신하들은 "하느님께서 내리신 악령이 임금님을 괴롭히고 있으니"(1사무 16,15) 비파를 솜씨 있게 연주해 악령을 몰아내 줄 사람을 구하라고 권했다. 이렇게 해서 다윗은 사울의 시중을 들게 되고 사울은 다윗이 마음에 들었다. 사울이 악령에 시달릴 때마다 다윗은 비파를 연주했다. "그러면 악령이 물러가고, 사울은 회복되어 편안해졌다"(1사무 16,23).

필리스티아에는 골리앗이라는 투사가 있었다. 전쟁에서 그는 이스라엘인들 중 자신과 대적할 자가 있으면 나와 보라고 큰소리친다. 이때 다윗이 나선다. 다윗은 막대기 하나를 손에 들고 매끄러운 돌멩이 다섯 개를 골라 양치기 가방 주머니에 넣는다. 골리앗은 이 어린 소년이 그에게 맞서려고 나선 것에 모욕을 느낀다. "막대기를 들고 나에게 오다니, 내가 개란 말이냐?"(1사무 17,43). 그러나 다윗은 돌멩이를 던져 거인 골리앗의 이마에 맞힌다. 골리앗은 나무토막처럼 쓰러지고 다윗은 칼로 그의 목을 자른다. 무장하지 않은 어린 소년이 노련한 전사를 무찌르는 이 이야기는 예로부터 사람들을 매혹시켰다. 여기서는 하느님을 믿는 자와 자신의 힘만 믿는 자가 대립해 있다. 하느님이 도와주시리라는 믿음은 어린 다윗의 자신감을 북돋아 주었다. 다윗은 무장도 하지 않은 채 철저히 무장한 상대와 대적할 용기를 갖는다. 하느님을 의지하는 자는 무장할 필요가 없다. 무기 없이도 그를 비웃는 상대와 대적할 수 있다.

다윗은 영웅으로 칭송된다. 사울은 질투가 나서 다윗을 죽이려고 한다. 다윗은 사울의 아들 요나탄과 친구가 된다. "요나탄은 다윗에게 마음이 끌려 그를 자기 목숨처럼 사랑하게 되었다"(1사무 18,1). 그는 아버지가 다윗을 위협할 때 다윗 편에 선다. 다윗은 사울을 피해 도망친다. 다윗은 사울을 죽일 기회가 두 번 있었다. 그러나 다윗은 적을 살려 준다. 결국 사울과 요나탄은 필리스티아인들과의 싸움에서 죽임을 당한다. 다윗은 감동적인 애가를 읊는다. 그는 자신의 적 사울의 죽음을 애도한다. "이스라엘의 딸들아, 사울을 생각하며 울어라. 그는 너희에게 장식 달린 진홍색 옷을 입혀 주고 너희 예복에 금붙이를 달아 주었다"(2사무 1,24).

다윗은 요나탄과의 우정을 아름답게 표현한다. "형 때문에 내 마음이 아프오. 형은 나에게 그토록 소중하였고 나에 대한 형의 사랑은 여인의 사랑보다 아름다웠소"(2사무 1,26). 다윗은 잔혹한 전사가 아니다. 그는 삶을 위해 싸운다. 우정을 소중히 여겼다. 요나탄과의 우정은 그가 얼마나 감정과 사랑이 풍부한 사람인지 보여 준다. 그는 자신의 두 아내 아비가일과 아히노암 그리고 연인이었던 밧 세바뿐만 아니라 남자 요나탄도 사랑했다. 요나탄과 다윗의 우정은 동료애의 한 본보기를 보여 준다. 동성애자들은 다윗이 요나탄을 위해 부른 우정의 노래에 깊은 감명을 받는다. 그러나 이성을 사랑하는 남자와 여자도 이 노래에 감동을 받는 것은 마찬가지다.

왕으로서 다윗은 성공을 거듭한다. 민족을 통합하고 적들에게서 민족을 지킨다. 사울의 집안에도 자비를 베푼다. 다윗은 완벽한 왕처럼 보인다. 그러나 그에게도 이면이 있다. 그는 왕으로서 무엇이든 해도 된다고 생각했다. 하지만 곧 대가를 치르게 된다. 왕궁 옥상을 거닐다가 목욕하는 아름다운 여인을 내려다 보고 그 여인을 탐내게 된다. 여인을 데려오게 하여 그녀와 동침한다. 여자가 아이를 갖자 다윗은 그녀의 남편 우리야를 전장에서 집으로 불러들인다. 아이의 아버지가 누구인지 알 수 없도록 우리야가 아내와 동침하기를 바랐다. 그러나 우리야는 말을 듣지 않는다. 그러자 다윗은 사령관 요압에게 편지를 보내 우리야를 최전방에 내보내고 전투가 치열해지거든 그만 남겨둔 채 퇴각하라고 이른다. 다윗은 우리야를 죽음으로 내몰았다. 하느님은 예언자 나탄을 다윗에게 보낸다. 나탄은 다윗의 잘못을 꾸짖는다. 다윗이 가난한 사람에게 암양을 빼앗은 부자처럼 행동했음을 보여 주고 그가 벌을 받을 것이라 한다. 그 벌은 우리야의 아내에게서 얻을 아이가 죽게 되리라는 것이었다. 그리고 집안에 재앙이 일어나게 될 것이라 예언한다. 압살롬은 누이를 강간한 형 암논을 죽인다. 그러고는 아버지에게 반란을 일으킨다. 그는 자신을 왕으로 선포하여 결국 다윗은 예루살렘을 떠나 도망친다. 도망 중에 시므이라는 사람이 다윗에게 저주를 퍼붓는다. 부하들이 그를 죽이려 하자 다윗은 말린다. "주님께서 다윗을 저주하라고 하시어 저자가 저주하는 것이라면, 어느 누가 '어찌하여 네가 그런 짓을 하느냐? 하고 말할 수 있겠소?"(2사무 16,10). 비판자의 입을 막아 버리는 다른 왕들과는 달리 다윗은 비난을 감내한다. 그는 자신의 이면과 실수를 회피하지 않는다. 자신이 완벽하지 않으며 큰 죄를 지었다는 것을 안다.

압살롬은 아버지 다윗을 죽이려고 전쟁을 일으킨다. 그러나 다윗의 군대가 반란자인 아들의 군대를 진압한다. 압살롬이 향엽나무에 머리카락이 걸려 매달리게 되었을 때, 요압은 아들을 살려 주라는 다윗의 명령에도 불구하고 죽인다. 다윗은 아들의 죽음을 알고는 울부짖는다. 다윗은 다시 왕으로 예루살렘에 입성하고 아들 솔로몬을 후계자로 명한다. 솔로몬은 지혜로움으로 온 세상에 이름을 떨치게 되지만 말년에 오만해지고 하느님의 길에서 벗어나게 된다. 그에 반해 다윗은 끝까지 하느님을 경외하는 왕으로 남는다. 다윗의 마지막 말은 이러했다. "이스라엘의 하느님께서 말씀하셨으며 이스라엘의 반석께서 나에게 이르셨다. '사람을 정의롭게 다스리고 하느님을 경외하며 다스리는 이는 구름 끼지 않은 아침, 해가 떠오르는 그 아침의 햇살 같고 비 온 뒤의 찬란함, 땅에서 돋아나는 새싹과 같다'"(2사무 23,3-4).

다윗은 다른 사람의 지배를 받지 않고 스스로 주인이었던 남자, 바로 왕이다. 다윗은 진정한 왕이 되기까지 고통스러운 과정을 거쳤다. 처음에 다윗은 왕인 자신이 원하는 것은 무엇이든 할 수 있다고 생각한다. 여자를 원하면 여자를 데려올 수 있었다. 그러나 예언자 나탄이 다윗의 잘못을 일깨워 준다. 다윗은 다른 정치가들과는 달리 그것을 무시하지 않고 자신의 잘못을 대면했다. 그는 자신의 잘못을 대면할 줄 아는 남자였다. 그는 자신의 죄를 정면으로 대한다. 아들이 자신의 죄 때문에 죽자 아들의 운명을 슬퍼하며 몸을 씻고 새옷을 꺼내 입는다. 그는 하느님이 그에게 내린 벌을 받아들인다. 삶의 투쟁에 나서는 사람, 그리고 다른 사람들을 위해 책임을 맡는 사람은 자신의 한계에 부딪히는 때가 온다. 절제하지 못할 때가 올 것이고, 스스로를 과대평가할지도 모른다. 그러나 삶은 그 대가를 요구한다. 다윗이 늘 성공만 한 것은 아니다. 자신의 아들을 피해 도망쳐야 했다. 아들들이 서로 싸우는 모습을 지켜봐야 했다. 이 모든 일을 겪는 와중에 다윗은 언제나 하느님을 찾는다. 하느님에게 조언을 구한다. 그리고 정치가들뿐만 아니라 예언자와 사제들에게 자문을 구한다. 영적 분야에서도 조언을 구하는 것이다. 그는 항상 하느님이 근원인 지혜의 샘물을 마시기 위해 하느님 영의 원천으로 간다. 그는 이성만으로는 통치할 수 없음을 안다. 훌륭하게 이 세상을 위한 책임을 떠맡으려면 다른 원천이 필요하다.

　나라를 융성시킨 성스러운 왕도 어두운 이면이 있다. 먼저 자신의 박약한 자존심을 높이기 위해 다른 이들을 지배해야 하는 폭군의 모습이다. 그는 자신의 위대함을 증명하기 위해 다른 이들을 하잘것없는 사람으로 만들어야 한다. 이런 폭군은 "위협, 강압, 기만, 편협함과 편집증 등의 전술을 사용한다"(Arnold 161). 폭군의 나라에서 신하들은 위험을 감수하기보다 몸을 사린다. 창조성 대신 규율과 계급이 지배한다. 삶은 사라진다. 남자에게는 이런 부정적인 왕이 되려는 커다란 유혹이 도사리고 있다. 또 다른 이면은 모든 책임을 피하고 영원히 소년으로 남고자 하는 모습이다. 융은 그런 남자를 '영원한 소년'(puer aeternus)이라고 명명한 바 있다. 우리는 이를 '피터팬 콤플렉스'라고도 한다. 팬은 그리스 신 헤르메스의 아들이다. 그는 영원히 어른이 되지 않고 소년으로 남았다. 팬은 "무한한 가능성의 바다 속에 살면서 한 가지 일에 투신하려고 하지 않는다. 그는 곧 다음에 올 다른 가능성을 놓치고 싶어 하지 않기 때문이다"(Bolen 244). 패트릭 아널드는 오늘날 매력적이고, 소년 같은 피상적인 남자, '영원한 소년'은 대중문화에서 잘 팔리는 상품이 되고 있다고 피력한다. 쇼윈도를 들여다보면 진정한 남자의 모습은 사라지고 어린아이 같은 소년의 모습만 보인다. 오늘날 광고조차도 제대로 된 남자를 표현하는 데 어려움을 겪고 있는 듯하다. 이런 경향은 한 남자의 자아실현에 관한 문제에 그치는 것이 아니라 우리 사회 전체에도 위험하다. 영원한 소년들은 우리 사회를 좀 더 나은 방향으로 이끌지 못한다. 그들은 구속을 감수하거나 책임지기를 거부하고 위험을 피하려고만 한다. 영원한 소년은 미숙한 남자의 모습이다. 중년에 들어서서 헛살았다고 느끼면 전형적인 중년 우울증에 빠진다.

다윗이 처음부터 달관에 이른 자비로운 왕은 아니었다. 그는 위험, 실패과 음모, 자신의 약점과 두려움을 거쳐야 하는 먼 길을 지났다. 그 길을 지나 마침내 온화해질 수 있었고 자신과 주위 사람들에게 너그러워질 수 있었다. 그 모든 싸움에도 불구하고 다윗은 우정을 맺을 줄 알았다. 그는 감정을 드러냈다. 방패 뒤에 숨어 방어하지 않았다. 그는 사랑하는 사람들을 잃어 슬퍼하는 전사였다. 자신의 사랑에 떳떳한 연인이었다. 그는 삶의 체험을 신 앞에서 노래하는 가수였다. 자신의 마음을 움직인 것에 대해 표현한다. 청년 시절부터 음악을 사랑했고, 그 음악으로 우울증에 걸린 사울을 치료할 수 있었던 비파 연주자였다. 악사와 전사, 동시에 떠올리기는 힘든 대립 항이다. 그러나 거기에 남성의 자기화의 본질적 이미지가 들어 있다. 음악과 싸움, 유희와 책임, 감정과 이성/의지, 이 양극을 허용하는 사람이라야 노년의 다윗이 지녔던 성숙함에 이른다.

우리는 다윗에게서 한 남자가 수동적으로 살지 않고, 스스로를 살며 자신 안에 머물러 자신과 조화를 이루는 왕의 원형을 본다. 왕은 바로 자신 안에 질서를 잡는 사람, 비단 한 나라뿐만 아니라 자기 영혼도 훌륭한 방식으로 구조화하는 사람이다. 리처드 로어는 왕의 가장 중요한 임무는 그가 지배하는 영역에 질서와 평화를 가져다주는 것이라고 한다. "그가 그 자리에 있다는 사실만으로도 사람들은 안전하고, 보호받고 있다고 느낀다. 어느 곳에 들어서든 그곳에 안전과 평온을 줄 수 있는 사람이 왕이다"(Rohr 89).

동화에서 왕은 자신의 모든 영적 힘을 통합한 사람에 대한 비유다. 병든 아버지를 구하기 위해 길을 나서는 왕자 세 명에 대한 이야기가 있다. 아버지를 낫게 할 약을 구해 오는 아들은 바로 막내아들이다. 아들 세 명은 인간 안의 세 영역, 즉 정신·영혼·육체, 이성·감성·충동, 머리·심장·배를 의미한다. 두 형들은 중간에 그들을 도와주는 동물들을 만나지만 조심스럽게 대하지 않아 실패한다. 그들은 숲보다는 편안한 여관을 택한다. 그들은 자기가 되는 길을 걷지 못하고 자신의 높은 신분을 즐기는 것에 그친다. 이렇듯 동화는 남자가 되는 길에 얼마나 많은 위험이 있는지 보여 준다. 왕이 되기 위해서는 본능과 내 안에 있는 불편하고 통제되지 않은 것까지도 모든 것을 받아들여야 한다. 또한 그것들과 화해해야 한다. 동화의 결말에서 왕은 자신의 권력을 아들에게 넘겨주고 축복한다. 다른 사람을 축복해 주는 것도 왕의 태도에 속한다. 젊은이들은 나이 든 남자, 왕에게 축복받기를 원한다.

그리스 철학자 플라톤에게 왕은 한 나라를 지배하는 사람일 뿐만 아니라 인간 존재의 고귀함과 깊이를 속속 꿰뚫고 있는 사람이다. 이런 그리스 철학을 바탕으로 루카는 "예수는 십자가에서 비로소 진정한 왕이 되었다"고 서술하고 있다. 예수는 세상의 모든 굴곡을 체험한다. 요한 복음에서는 예수의 왕국을 다르게 이해한다. 예수의 왕국은 이 세상에 있지 않다. 그 왕국은 외부 세계가 침입할 수 없고 그 누구도 빼앗아 갈 수 없는 내적 현실이다. 예수 안에는 어떤 인간도 흉내 낼 수 없는 왕다운 위엄이 있다. 예수가 스스로에게 말하는 것을 우리도 자신에게 말할 수 있다. "나의 왕국은 이 세상의 것이 아니다." 나는 남자들에게 잠시 걸으면서 이 문장을 생각해 보라고 했다. 머리 위에 돌 하나를 올려놓고 고개를 똑바로 들고 걷도록 권했다. 그러고 나서 살면서 처했던 모든 상황, 약해졌을 때, 자신이 초라하다고 느낄 때, 실망하고 상처받았을 때를 떠올리며 그때로 돌아가 이 문장을 읊조려 보라고 했다. 그러자 그들은 그들 안에 파괴될 수 없는 무언가가 있음을 느꼈다고 했다. 그들 안의 왕국은 하느님에게서 온 것이다. 그 나라는 이 세상의 것이 아니다. 이 세상은 파괴하지 못한다. 이를 깨달으면 자유로워진다. 이 문장을 읊조리다 보면 하느님이 지배하는 내 안의 내적 공간과 만나게 된다. 다른 어떤 이도 그곳을 지배할 수 없다. 자기를 비하하는 초자아의 목소리도 힘쓰지 못한다.

모든 그리스도인은 세례성사에서 기름부음 받아 왕으로 축성되었다. 본질적으로 남자 그리스도인에게는 왕의 원형이 있다. 왕이라 함은 내가 나를 있는 그대로의 나보다 더 초라하게 만들지 않는 것이다. 오히려 나의 신적 위엄을 인지하고 내적 자유에 이르는 길을 떠나는 것이다. 그리하여 하느님이 내게 맡긴 나라를 책임진다. 그 나라는 나에게서 먼 어떤 나라가 아니라 가족, 회사, 집단을 뜻한다. 또한 모든 양지와 음지, 정상과 골짜기가 있는 내 영혼의 나라다. 다른 이들에게 내가 처한 상황에 대한 책임을 전가하지 않고 자신의 삶을 주도하는 자가 왕이다.

솔로몬 | 연인

솔로몬은 열왕기 상권에서 지혜로운 통치자로 묘사된다. 하느님이 꿈에 나타나 소원을 말해 보라고 한다. 솔로몬은 부가 아니라 지혜를 청한다. "당신 종에게 듣는 마음을 주시어 당신 백성을 통치하고 선과 악을 분별할 수 있게 해 주십시오"(1열왕 3,9). 하느님이 답한다. "자, 내가 네 말대로 해 주겠다. 이제 너에게 지혜롭고 분별하는 마음을 준다. 너 같은 사람은 네 앞에도 없었고, 너 같은 사람은 네 뒤에도 다시 나오지 않을 것이다"(1열왕 3,12). 솔로몬의 지혜로움은 이제는 교훈이 된 '솔로몬의 판결'에서 드러난다. 두 여자가 솔로몬을 찾아와 상대가 자신의 아이를 빼앗아 갔다고 서로 죄를 뒤집어씌웠다. 솔로몬이 아이를 둘로 가르라는 판결을 내리자 한 여자가 아이를 죽이지 말고 상대에게 주라고 간청한다. 솔로몬은 그 여자가 아이의 어머니임을 알아낸다. 사람들은 그의 지혜에 탄복한다. 스바 여왕도 그의 지혜에 감탄한다. 성경은 그에 대해 이렇게 말한다. "솔로몬의 지혜는 동방 모든 이의 지혜와 이집트의 모든 지혜보다 뛰어났다"(1열왕 5,10). 루카는 솔로몬의 지혜가 예수에 이르러 완성된다고 본다. "그러나 보라, 솔로몬보다 더 큰 이가 여기에 있다"(루카 11,31). 예수는 유다와 그리스, 동방과 서방의 모든 지혜를 갖추었다. 구약의 많은 격언과 시편과 노래의 저자는 솔로몬이라고 여겨진다. 잠언, 코헬렛, 아가의 저자도 솔로몬으로 알려져 있다. 시편과 솔로몬의 노래는 솔로몬 사후에 쓰여 구약에 포함되었다. 이 모든 것은 사람들이 솔로몬을 지혜와 사랑에 대해 노래하는 시인으로 받아들이고 있음을 보여 준다.

솔로몬은 지혜로움 말고도 많은 여인을 사랑한 것으로도 유명하다. "솔로몬에게는 왕족 출신 아내가 칠백 명, 후궁이 삼백 명이나 있었다"(1열왕 11,3). 성경은 그렇게 많은 여자를 거느렸다고 비난하지 않는다. 당시에는 흔한 일이었다. 그것은 다른 방식의 성생활이었다. 솔로몬이 많은 여인을 사랑한 것을 비유적으로 해석할 수 있다. 이를 보면 오늘날에도 남자는 아내 말고도 다른 여자와 만나고 성적 감정을 느낀다는 것이 드러난다. 문제는 이런 감정을 어떻게 다룰 것인가 하는 것이다. 매력을 느끼는 여자들이면 모두 소유하려 들 것인가? 그들을 자유인으로 존중하고 그들의 아름다움과 매력을 즐길 것인가?

성경은 솔로몬이 많은 여인을 사랑한 것을 비난하지 않는다. 다양한 민족 출신의 여자들은 솔로몬에게 자신이 믿는 신을 경배하도록 요구했다. 솔로몬은 부인들이 숭배하던 신과 여신을 위한 제단을 세웠다. 여자를 사랑하면서 여자에게 여신의 모습을 바란다면 그 사랑은 불행을 가져온다. 한 여자가 자신의 여신이나 구원자가 되어 주길 바란다면 진정한 사랑을 하지 못한다. 그러면 여자를 사랑하는 것이 아니라 여자 안에 있는 특정한 원형을 사랑하게 된다. 언젠가 한 남자가 나를 찾아와 여자친구는 자신에게 구원자라고 말한 적이 있다. 나는 그 말을 듣고 둘 사이가 힘들어질 것이라고 생각했다. 실제로 얼마 지나지 않아 둘은 헤어졌다. 나의 모든 상처를 치유해 주고 모든 문제를 해결해 주는 여신으로서 여자를 사랑해서는 안 된다. 사랑한다는 것은 단지 한 여자로서 사랑하는 것이다.

애초부터 솔로몬은 왕의 지위를 이용해 여자를 얻었다. 이런 사실로 보아도 그의 애정 관계는 기반이 약했다. 솔로몬은 여자를 얻기 위해 싸우지 않았다. 좋은 연인이 되기에는 그에게 전사의 측면이 없었다. 자신 안의 전사를 실현하지 않고서는 여자를 쟁취할 수 없다. 전사 없이는 사랑의 정열 또한 없다. 그러면 사랑은 금세 지겨워진다. 여자를 진짜 사랑할 줄 모르는 남자는 계속해서 새로운 여자를 찾는다.

솔로몬에 대해 성경은 이렇게 말한다. "그의 마음은 아버지 다윗의 마음만큼 주 그의 하느님께 한결같지는 못하였다"(1열왕 11,4). 하느님은 진노하여 그에게서 왕국을 빼앗겠다고 한다. 그토록 지혜롭게 시작했던 솔로몬의 통치는 결국 이스라엘의 분리로 끝난다. 솔로몬 자신이 내적으로 분열되었던 탓에 백성도 남과 북으로 갈린다. 다윗은 조그맣게 시작해 지혜로운 군주로 죽었다. 솔로몬은 지혜롭고 부유한 왕으로 시작했지만 사방으로 흩어지는 자신의 영혼에 휩쓸려 주위에도 분열을 초래한 사람으로 끝났다. 이것이 이 위대한 왕의 최후다. 이는 오늘날에도 흔히 볼 수 있는 일이다. 다윗의 후계자인 솔로몬은 싸울 필요가 없었다. 다윗이 노력과 투쟁을 통해 건설하고 공고히 한 왕국을 물려받는다. 솔로몬은 싸우고 조직하는 능력에서는 아버지를 따라가지 못했다. 그는 정신적 영역에 치중하고 왕국을 소홀히 한 나머지 왕국은 몰락한다. 그렇게 좋았던 출발이 그에게 전사와 왕의 힘이 부족했기 때문에 분열된다.

한편으로 성경에는 솔로몬에 관한 이런 말이 있다. "솔로몬은 주님을 사랑하였다"(1열왕 3,3 참조). 여자에 대한 사랑이 하느님도 진심으로 사랑할 수 있도록 해 주었을 것이다. 하느님에 대한 사랑은 여자를 사랑할 수 있는 능력과 배치되지 않는다. 솔로몬은 그의 에로틱한 사랑에 대한 순수한 형태를 아가의 아름다운 사랑 노래로 표현한다. 후세는 이 노래의 저자를 솔로몬으로 보았는데, 그는 남자와 여자의 사랑을 하느님이 인간에게 주신 가장 큰 선물이라고 찬양한다. 사랑하는 남녀는 노래한다. "(남자) 정녕 그대는 아름답구려, 나의 애인이여. 정녕 그대는 아름답구려, 당신의 두 눈은 비둘기라오. (여자) 정녕 당신은 아름다워요, 나의 연인이여. 당신은 사랑스러워요, 우리의 잠자리도 푸르답니다"(아가 1,15-16). 그들은 성애로 가득 찬 그들의 사랑을 즐기며 노래한다. "우리 사랑을 방해하지도 깨우지도 말아 주오, 그 사랑이 원할 때까지"(아가 2,7). 남자는 여자가 부리는 사랑의 마술에 걸린 것 같다. "나의 누이 나의 신부여, 그대는 내 마음을 사로잡았소. 한 번의 눈짓으로, 그대 목걸이 한 줄로 내 마음을 사로잡았소. 나의 누이 나의 신부여, 그대의 사랑이 얼마나 아름다운지! 그대의 사랑은 포도주보다 얼마나 더 달콤하고 그대의 향수 내음은 그 모든 향료보다 얼마나 더 향기로운지!"(아가 4,9-10). 여자도 연인을 노래한다. "그이의 입은 달콤하고 그이의 모든 것이 멋지답니다. 나의 연인은 이렇답니다, 내 벗은 이렇답니다, 예루살렘 아가씨들이여!"(아가 5,16). 이 아름다운 사랑 노래의 마지막에는 다음과 같은 통찰이 있다. "사랑은 죽음처럼 강하고 정열은 저승처럼 억센 것. 그 열기는 불의 열기. 더할 나위 없이 격렬한 불길이랍니다. 큰 물도 사랑을 끌 수 없고 강물도 휩쓸어 가지 못한답니다. 누가 사랑을 사려고 제집의 온 재산을 내놓는다 해도 사람들이 그를 경멸할 뿐이랍니다"(아가 8,6-7). 남자들은 남녀 사이의 성애를 도덕적 훈계 없이 노래한 아가의 시편들을 좋아한다. 그들은 사랑이 남자에게 풀어놓는 자유와 즐거움을 호흡한다.

연인이란 원형은 성숙한 남자의 속성이다. 자기 안의 연인을 허용하는 것을 어려워하는 남자가 많다. 그러기 위해서는 자신을 열어야 하고 자기에 대한 통제를 풀어야 하기 때문이다. 연인은 자신의 감정을 허용한다. 그는 또한 자신의 약점도 드러낸다. 패트릭 아널드는 말한다. 연인은 성숙한 남자를 전제로 한다. "성숙하지 못하거나 나르시즘에 빠진 남자가 연인을 받아들이면 인기 가요 방송 프로그램에 열광하는 소년으로 퇴화하거나 소위 '클레테'Klette(성가신 사람)라 불리는 의존적 인간형의 병리로 떨어져 버린다"(Arnold 222). 사랑을 향해 자신을 여는 사람은 상처받기 쉽다. 그러나 사랑 없이는 내 몸과 영혼의 내적 보고를 발견할 수 없다. 사랑은 남자 안에 생명이 넘쳐흐르게 한다. 단순히 한 여자를 사랑하거나, 한 남자에게 우정으로 자신을 여는 것만 연인이 되는 길의 전부는 아니다. 연인은 하느님에 대한 관계에도 영향을 미친다. 미사 전례에 힘차게 참여하는 남자는 자주 하느님에 대한 열정적 사랑을 체험한다. 온 마음을 다해 전례에 참여하고 성가를 부르거나 고요함에 머무르면 그 안에서 하느님에 대한 깊은 사랑이 자란다.

그리스도교는 남녀 간의 격정적 사랑을 하느님에 대한 사랑과 따로 떼어 놓았다. 사람들은 하느님을 온 마음으로 사랑해야 한다고 하면서 남녀 간의 사랑이 하느님과의 관계를 멀어지게 하지 않을까 의심하고 있다. 성애 없이는 하느님에 대한 사랑도 힘을 잃는다. 그런 사랑은 상상력의 다채로움과 열정의 힘을 잃게 한다. 오늘날 남자들이 교회에 등을 돌린 이유도 자신 안에 느끼는 연인의 원형을 사랑과 성에 대한 교회의 입장과 조화시킬 수 없어서였다. 교회가 그들의 성에 죄의식을 덮어씌워 그들은 교회로부터 상처받았다고 느낀다. 남자들은 성경에서 자신의 성애적 힘을 믿고 성을 즐기는 방법을 배울 수 있다. 동시에 남자 혹은 여자에 대한 성애적 사랑을 신에 대한 사랑과 결합시키는 길도 보여 준다. 사랑을 향한 강한 욕구에서 남자는 자신이 늘 여자 혹은 남자에게 과도하게 기대한다는 것을 체험한다. 여자에 대한 사랑은 마침내 그를 영적 차원으로 이끈다. 즉 그의 갈망을 채워 줄 유일한 연인, 하느님에게로 이끈다. 남자가 사랑에 빠지면 전 존재가 마법에 걸리는 체험을 하게 된다. 나아가 영적 요구와도 만나게 된다. 사랑에 빠져 본 경험이 없는 남자에게 하느님에 대한 사랑은 냉정하고 공허하며 단순한 의무 이행으로만 느껴진다. 아널드는 사랑에 빠지는 경험은 영적 지진이라고 했다. 감정을 통제하지 못할까 두려워하는 남자들은 차라리 이 지진을 피하고 싶어 한다. 하느님과의 관계는 사랑에 빠질 때, 사랑에 항상 우리를 열어 놓을 때 비로소 열정적이고 진심 어린 것이 된다.

솔로몬의 이야기는 또한 우리에게 연인이란 원형이 지닌 상반된 모습을 보여 준다. 여자에 대한 사랑에서 남자는 초월을 향해 열린 자신을 체험한다. 그는 하느님의 신비로운 사랑을 감지한다. 그러나 남자가 여자에 대한 사랑 자체를 신격화해서 여자에게서 구원자와 여신을 보려 한다면 그 관계는 건강하지 못하고 남자는 여자에게 종속되고 만다. 그러면 솔로몬처럼 영혼이 분열된다. 여자에 대한 사랑은 하느님에 대한 사랑과 연결된다. 개신교 신학에서처럼 결혼은 '단순히 세속적인 일'이라고, 남녀 간의 사랑은 단순히 이 세상의 것일 뿐이라고 말하기에는 충분하지 못하다. 그러면 에로틱한 사랑의 신적 뿌리를 잘라 버리는 것이다. 에로틱한 사랑은 영성의 중요한 원천이다. 그 안에서 신적 사랑이 표현된다. 그러나 에로틱한 사랑 자체를 신과 혼동한다면 우상숭배가 되어 버린다.

성경은 도덕을 잣대로 삼지 않는다. 연인 솔로몬에 대해서도 마찬가지다. 성경은 사랑의 위험성을 보여 주지만 사랑의 아름다움을 노래하는 데만 머무르기도 한다. 사랑하면서 우리는 솔로몬이 그랬던 것처럼 늘 실수를 되풀이한다. 연인은 지켜야 할 선을 넘고 법을 어긴다. 그러나 솔로몬은 말한다. "사랑은 모든 허물을 덮어 준다"(잠언 10,12). "사랑하지 않으면서 어떤 실수도 하지 않는 것보다 차라리 한껏 사랑하면서 실수를 하는 편이 낫다"(Arnold 229). 사랑하면서 저지르는 실수와 잘못을 통해 우리는 성장한다. 어떤 지혜로운 말도 사랑에 눈이 머는 것을 막지는 못한다. 사랑은 비단 기쁨, 도취, 마법과 하나 되는 것뿐 아니라 슬픔, 고독, 버림받음, 우울도 안겨 준다. 사랑은 격정의 정점과 밑바닥, 천국과 지옥, 빛과 어둠으로 이끈다. 사랑은 편안한 삶을 깨뜨리는 거대한 힘을 갖고 있다. 사랑은 상처를 치유할 수 있고 새로운 상처를 입히기도 한다. 사랑의 양면을 모두 허용하는 남자는 사랑하면서 진정한 남자가 되는 비밀을 알게 된다. 사랑에 대해 맹목적인 환상을 갖는 남자는 사랑을 현실의 탈출구로 이용하고, 사랑을 거부하는 남자는 사랑이 그에게 가져올 변화가 두려워 자신을 닫아 버린다.

연인의 원형은 남자에게 계속 성장하고 성숙하라는 과제를 부여한다. 사랑은 남자가 자신의 역할과 자신을 동일시하는 것을 막아 준다. 회사의 사장으로, 변호사로 혹은 전문 상담가로서의 역할과 자신을 동일시하는 사람은 사랑이라는 모험을 하기에는 자신이 너무나 중요한 사람이라고 느낀다. 그렇게 그는 내적 발전과 성장을 거부한다. 연인의 원형은 남자에게 여자에 대한 사랑 혹은 남자와의 우정을 가능하게 해 주는 것에 그치지 않고 아니마를 향해 열리게 해 준다. 융에 따르면 아니마는 남자 안에 있는 여성적 측면이다. 진정한 연인은 자신의 아니마를 민감하게 다룬다. 자신 안에 사랑하는 능력이 있음을, 사랑을 주고받는 능력이 있음을 느낀다. 그리고 자신 안에 영감과 애정, 연민과 사랑의 원천인 소중한 아니마가 있음을 느낀다. 아니마가 없다면 남자는 말라 버린다. 자신의 아니마를 받아들이는 남자가 온전한 남자다.

융은 내적으로 통합되지 않은 아니마는 남자의 변덕으로 나타난다고 했다. 여비서는 오늘 사장의 기분이 어떤지, 그에게 특정한 사안을 보고 해도 될지 말지 정확히 알고 있다. 여비서는 평소에는 그토록 확신에 차 있는 남자가 변덕을 부리는 것을 보고 그의 삶을 방해하는 어떤 그림자가 숨어 있음을 느낀다. 그는 자신의 아니마를 통합해 받아들이지 못했다. 그래서 기분에 따라 쉽게 흔들린다. 또한 여자에게 의존하게 된다. 여자가 하자는 대로 고분고분 따른다. 여자와 성숙하게 교류하는 방법을 모르는 것이다. 융은 아니마의 통합을 남자가 자아를 실현하는 과정에서 이루어 내야 할 작품이라 부른다. 이런 걸작을 이루는 남자는 극히 드물다. 동화의 결말은 항상 남자 주인공이 공주와 결혼하는 장면으로 끝난다. 진정한 사랑은 남자가 자신의 그림자를 만나고 위험을 감수하면서 신의 임무를 완수할 때 비로소 완성된다. 오늘날 남자들이 사랑에 실패하는 까닭은 자신들이 본디부터 사랑할 능력이 있다고 착각하고 있기 때문이다. 사랑에 성공하기 위해서는 자신을 진실하게 대면하고 인간 존재의 빛과 그림자를 모두 체험하는 것이 필요하다.

예레미야 | 순교자

예레미야를 통해 남자의 또 다른 원형인 예언자와 순교자를 만나 보자. 예레미야의 삶을 보면 우리는 예언자란 무엇인가 알 수 있다. 자신 안에서부터 말해야만 하는 것을 말하는 사람이 예언자다. 다르게 표현하면 예언자는 하느님의 말씀을 선포하는 사람, 고요 속에서 하느님에게 들은 바를 전하는 사람이다. 그것은 우리가 흔히 말하는 것, 대중이 듣고 싶어 하는 것과 대립된다. 예레미야는 고통받는 예언자다. 그 자신도 말하고자 하는 충동을 제어하지 못한다. 정치적 열광에 반해 재앙을 예고하고, 찢어질 듯 높은 승리의 외침 속에서 낮은 목소리로 여론을 불편하게 한다. 반면 모두가 절망에 빠질 때 구원을 선포한다. 예레미야는 존재 자체로 자신이 하는 말을 증거한다. 그는 그가 선포하는 것의 증인이다. 그는 적들의 땅에서 소명의 순교자가 된다. 여론에 반대해야 하는 그의 마음은 찢어진다. 그는 외로워하고 자주 하느님께 버림받았다고 느낀다. 우리는 다른 어떤 예언자보다 예레미야의 내적 투쟁에 대해 잘 알고 있다.

예레미야는 어렸을 때 하느님의 부름을 받는다. 모세의 율법을 다시 부활시킨 경건한 왕 요시야가 예루살렘을 통치하던 기원전 628년의 일이다. 아나톳의 성직자 집안에서 태어난 예레미야는 자신의 소명에 대해 이렇게 전한다. "주님의 말씀이 나에게 내렸다. '모태에서 너를 빚기 전에 나는 너를 알았다. 태중에서 나오기 전에 내가 너를 성별하였다. 민족들의 예언자로 내가 너를 세웠다.' 내가 아뢰었다. '아, 주 하느님, 저는 아이라서 말할 줄 모릅니다.' 주님께서 나에게 말씀하셨다. ''저는 아이입니다' 하지 마라. 너는 내가 보내면 누구에게나 가야 하고 내가 명령하는 것이면 무엇이나 말해야 한다'"(예레 1,4-7). 예레미야가 자청해서 예언자 역할을 맡은 것은 아니다. 그는 맡으려 하지 않았고 말할 줄 모른다고 주저했지만 하느님께 소명을 받았다. 그를 예언자로 만든 것은 능력이 아니라 오직 하느님의 부르심이다. 이 부르심은 예레미야를 괴롭힌다.

이스라엘이 모든 희망을 걸었던 경건한 왕 요시야가 죽고 여호야킴이 뒤를 잇는다. 그는 기원전 609년부터 597년까지 통치한다. 그가 요시야의 개혁을 폐지하자 이방의 관습이 밀려 들어온다. 예레미야가 강렬히 저항하고 왕에게 거역하자 왕은 그를 박해한다. 예레미야는 자신이 하는 말이 받아들여지지 않자 실망해서 하느님이 자신을 버리고 떠났다고 원망한다. 그리고 자신의 절망을 고백한다. "아, 불행한 이 몸! 어머니, 어쩌자고 날 낳으셨나요? 온 세상을 상대로 시비와 말다툼을 벌이고 있는 이 사람을. 빚을 놓은 적도 없고 빚을 얻은 적도 없는데 모두 나를 저주합니다"(예레 15,10). "저는 웃고 떠드는 자들과 자리를 같이하거나 즐기지 않습니다. 오히려 저를 가득 채운 당신의 분노 때문에 당신 손에 눌려 홀로 앉아 있습니다. 어찌하여 제 고통은 끝이 없고 제 상처는 치유를 마다하고 깊어만 갑니까? 당신께서는 저에게 가짜 시냇물처럼, 믿을 수 없는 물처럼 되었습니다"(예레 15,17-18). 예레미야는 민족에게도 버림받았다고 느낀다. 민족도 그에게 적대적이다. 그는 혼자서 모든 사람을 대적한다. 온 세상과 대적하고 있다는 것에 괴로워한다. 그가 모든 사람과 싸우게 된 것은 그의 모난 성격 때문이 아니다. 바로 하느님의 명이 그를 집단 밖으로 내몰았다. 예언자는 하느님에게도 버림받았다고 느낀다. 지금껏 그가 힘을 퍼올렸던 원천인 하느님은 '가짜 시냇물'이 되었다. 예레미야는 믿을 수 없는 하느님을 비난한다. "주님, 당신께서 저를 꾀시어 저는 그 꾐에 넘어갔습니다. 당신께서 저를 압도하시고 저보다 우세하시니 제가 날마다 놀림감이 되어 모든 이에게 조롱만 받습니다"(예레 20,7). 항상 '폭력과 억압'을 외쳐야 하는 그는 괴로워한다. 그러나 그가 다른 사람들의 견해를 따르려고 하느님에게 들은 말을 삼키려 할 때마다 "뼛속에 가두어 둔 주님 말씀이 심장 속에서 불처럼 타올라 그것을 간직하기에 지쳐 더 이상 견뎌 내지 못한다"(예레 20, 9 참조). 하느님을 거부하고 싶지만 그럴 때마다 말씀이 불처럼 타올라 견딜 수가 없다. 때문에 그는 원하건 원하지 않건 말을 해야만 한다. 그러나 어떤 원망과 절망에도 예레미야는 하느님을 굳게 의지한다. "주님께서 힘센 용사처럼 제 곁에 계시니 저를 박해하는 자들이 비틀거리고 우세하지 못하리이다"(예레 20,11).

예레미야는 예언하는 일을 힘들어한다. 그는 자신을 중심에 놓지 않는다. 오늘날에는 스스로를 예언자라 칭하는 이가 많다. 그들은 자신이 예언이라고 내놓는 말로 얼마나 권력을 행사하고 있는지, 또 얼마나 관심을 끌고 싶어 하는지 깨닫지 못하고 있다. 자신이 하느님의 뜻을 정확히 안다고 믿기 때문에 자신이 특별한 존재라고 느낀다. 예레미야는 하느님이 채근해야 하느님이 속삭인 바를 말한다. 그는 이를 그의 전 존재로 증언한다. 예레미야가 성공한 삶을 산 것은 아니다. 기원전 597년 바빌론 임금 네부카드네자르 왕이 예루살렘을 공격했을 때 예레미야는 살아남았지만, 유다 임금 치드키야(기원전 597-586 재위)에게 예루살렘이 포위되었을 때 반역죄 혐의를 받고 왕궁 감옥에 갇힌다. 왕은 은밀히 그를 불러 자신에게 해 줄 하느님의 예언이 있냐고 묻는다. 예레미야는 치드키야 왕이 바빌론 왕의 수중에 넘겨질 것이라고 예언한다. 대신들은 예레미야를 죽이라고 한다. "이런 자는 마땅히 사형을 받아야 합니다. 그가 이따위 말을 하여, 도성에 남은 군인들과 온 백성의 사기를 떨어뜨리고 있습니다"(예레 38,4). 예언자는 반역죄로 저수 동굴에 갇힌다. 그곳에서 예레미야는 진흙에 빠졌다. 이때 한 에티오피아인 그를 구해 낸다. 왕은 다시 예언을 듣고자 묻는다. "제가 임금님께 사실대로 아뢰면 임금님께서 반드시 저를 죽이실 것이고, 제가 임금님께 조언을 드린다 해도 임금님께서 제 말을 들으실 리가 없습니다"(예레, 38,15). 예레미야는 사형을 당하지는 않지만 왕은 예언자가 한 말을 따르지 않는다. 예레미야는 자신의 소명에 따랐지만 실패를 경험한다. 물론 왕에게 희망을 주는 편이 그에게도 좋았겠지만, 그는 하느님이 하신 말씀만 전할 수 있다. 그렇게 그는 전쟁 분위기에 휩싸인 여론에 반대하게 된다.

예언자는 바빌론으로 끌려간 유다인들을 편지로 위로한다. 기원전 586년, 예루살렘이 함락되었을 때도 민족을 위로하려고 노력한다. 패배감이 널리 퍼질 때 실망에 물들지 않고 저항한다. 그의 위로는 값싼 거짓 위로가 아니었다. 하지만 이전에 재앙을 예언하던 때와 마찬가지로 사람들의 반감을 산다. 그의 위로는 오늘날 우리에게도 큰 감동을 준다. "나의 종 야곱아, 두려워하지 마라. 주님의 말씀이다. 이스라엘아, 무서워하지 마라. 내가 너를 먼 곳에서, 너의 후손을 포로살이하던 땅에서 구원해 내리라. 야곱이 돌아와 평안히 살며 아무런 위협도 받지 않고 편안히 살리라. 내가 정녕 너를 구하기 위해 너와 함께 있으리라. 주님의 말씀이다"(예레 30,10). 예레미야는 상처에 고통받는 사람들에게 치유를 약속한다. "참으로 내가 너에게 건강을 되돌려 주고 너의 상처를 고쳐 주리라"(예레 30,17). 그리고 이방으로 끌려가 하느님에게 버림받았다고 느끼고 하느님의 권능을 의심하는 사람들에게 하느님의 말씀을 알린다. "나는 너를 영원한 사랑으로 사랑하였다. 그리하여 너에게 한결같이 자애를 베풀었다. 처녀 이스라엘아, 내가 너를 다시 세우면 네가 일어서리라. 네가 다시 손북을 들고 흥겹게 춤을 추며 나오리라"(예레 31,3-4). 예레미야는 자신의 소명 때문에 고통받는 예언자다. 그는 여론에 반대해 하느님의 말씀을 선포할 소명을 지녔다. 이 때문에 고독하고 적대감과 증오에 부닥친다. 소명을 다하지 않으면 예레미야는 올곧은 그가 될 수 없었다. 그는 그렇게 할 수밖에 없었다. 예레미야의 소명은 자신의 영혼을 통해 하느님에게 들은 바를 모든 이에게 전하고 믿게 하는 것이었다. 하느님의 말씀을 어렴풋이 느낄 뿐이었다. 이 예감을 확신할 수 없지만 사람들에게 멸시당하고 미움을 사는 대가를 치르는 한이 있어도 느끼는 바를 말해야 한다.

    예언자의 원형은 엘리야를 다루면서 좀 더 상세히 살펴볼 것이기에 나는 예레미야를 순교자의 원형으로 제한하려고 한다. 모든 원형이 그렇듯 순교자의 원형도 건설적이고 가치 있는 면과 함께 위험도 있다. 순교자의 임무는 사랑을 배우는 것이다. 위험은 사랑을 얻기 위해 자신을 희생하는 데 있다. 때때로 순교자는 자신을 헌신하기보다 포기한다. 성숙한 순교자는 삶에 헌신하고 인간을 위해 헌신한다. 자신을 포기하지는 않는다. 헌신은 자기 파괴가 아니라 해방을 가져온다. 성숙한 순교자는 예수가 말한 바를 구현한다. "정녕 자기 목숨을 구하려는 사람은 목숨을 잃을 것이고, 나 때문에 자기 목숨을 잃는 그 사람은 목숨을 구할 것이다"(루카 9,24). 필사적으로 자신에게 매달리는 사람의 삶은 공허하고 경직된다. 오직 자신을 삶에 헌신하는 사람, 그에게 요구되는 것에 응답하는 사람의 삶은 풍부히 넘쳐흐르게 된다. 헌신을 잘못 이해할 때도 있다. 사랑과 관심을 얻기 위해 자신을 희생하는 경우가 그렇다. 이런 희생은 무의미하다. 세상이 정의롭지 못하다고 느끼는 이들이 희생을 통해 원하는 바를 은밀히 얻고자 한다. 결국 그들은 아무것도 얻지 못하고 이용당했다고 느낀다. 희생이 한 사람을 불구로 만들어서는 안 된다. 중요한 것은 자신의 본질적 부분을 포기하지 않는 것이다. 삶과 사랑에 전적으로 헌신하기 위해 자신을 열어 놓는 것이다. 그러면 헌신 속에서 생동감과 내적 충만을 경험하게 될 것이다.

오늘날 순교자의 원형은 왜곡되어 자살 테러 같은 방식으로 나타난다. 젊은이들이 되도록 많은 사람을 폭력적인 죽음으로 끌고 들어가려고 자살을 택한다. 이런 순교는 삶에 헌신하는 것이 아니라 죽음에 헌신하는 것이다. 삶에 대한 사랑에서 나온 것이 아니라 자신과 사람들에 대한 증오에서 나온 것이다. 궁극적으로는 인간에 대한 경멸, 자신에 대한 경멸이다. 자신을 바라보는 비관적인 시각이 한 사람을 그러한 순교로 몰고 간다. 삶에 기대하는 것이 아무것도 없기 때문에 자신을 파괴하고 다른 이들까지도 파괴한다. 남자들에게는 병적일 정도로 죽음에 집착하는 파괴적인 성향이 있는 듯하다. 어떤 남자들은 죽음에 독특한 매력을 느낀다. 그들은 사람들이 총에 맞아 죽는 영화나 텔레비전 프로그램을 즐겨 본다. 혹은 죽음을 무릅쓰면서 극한 스포츠에 몰입한다. 그들은 죽음에 가까이 있을 때 자신이 살아 있음을 느낀다. 순교자의 원형은 죽음에 대한 부정적 동경을 키우는 것이 아니다. 진정한 순교자는 늘 삶을 위해 죽는다. 삶에 봉사하기 위해 자신의 생명을 건다.

괴로워할 줄 아는 능력도 순교자의 속성 가운데 하나다. "고통은 부정하거나 도망칠 수 없고 전쟁으로도 막을 수 없는 삶의 한 부분이다. 고통은 우리가 성장하고 성숙하는 데 꼭 필요한 부분이다"(Fischedick 221). 예레미야는 고통을 마주하지만 고통을 일부러 구하지는 않는다. 그에게 자학하는 경향은 찾아볼 수 없다. 소명을 다하기 위해 고통을 피하지 않는다. 고통을 통해 성장하고 사랑으로 가득 찬 위로의 말을 할 수 있게 된다. 위로의 예언 속에서 한 남자가 고통을 통해 사랑의 기술을 배웠음을 느낄 수 있다. 남자가 되려면 고통을 일부러 찾아서는 안 된다. 그렇다고 피해서도 안 된다. 자신을 왜곡하지 않고 진정으로 자신의 길을 간다면 — 융이 늘 말하듯 — 고통은 십자가의 길이며, 항상 되풀이해 십자가형을 당하리라는 것을 알게 될 것이다. 거기에 "예"라고 답하며 도망치지 않는 것이 오늘날 우리가 배워야 할 순교자의 상이다.

순교자는 그의 전 존재로 그가 대변하는 것을 증언한다. 초대교회의 순교자들은 죽음으로 예수의 부활을 증언했다. 진실을 증언하는 일이 목숨보다 소중했다. 순교자에 관한 전기를 읽을 때 우리는 그들의 삶을 쉽게 이해하지 못한다. 초대 그리스도인들은 기꺼이 죽음을 맞이했다고 전해진다. 심리학의 훈련을 받은 우리는 그 죽음에서 자학하는 경향을 본다. 그러나 이 용감한 남자와 여자의 영혼을 깊이 들여다보면 그들에게 중요한 것은 죽음이 아니라 그리스도를 증언하는 것이었음을 알게 된다. 그들은 그들의 전 존재를 바쳐 그리스도를 위해 증언하고자 했다. 그들은 세속의 권력과 거짓 화해를 하지 않았다. 그런 분명하고 영웅적인 남자와 여자가 당시와 마찬가지로 오늘날에도 필요하다. 그들은 믿음을 설교하는 데 그치지 않고 온 삶으로 믿음을 증언한다. 죽음 자체를 구하는 것이 아니라 증언하기 위해 죽음도 불사할 각오가 되어 있다. 진실이 생명보다 중요하다. 내적 확신과 올바름이 육체적 존재 가치 위에 있다. 초대교회 순교자의 전기를 보면 영원한 삶에 대한 희망으로 가득 차 있다.

그들은 예수의 부활을 믿었으므로 죽음의 위협에도 굴하지 않았다. 죽음이 공포스럽지 않았기에 자신의 삶으로 믿음을 증거할 수 있었다. 그들의 믿음은 경건한 예식이 아니라 그들이 서 있는 토대요, 마시는 샘물이었다. 그들이 목숨을 구하려고 재판관들의 제안에 응했다면 자신의 토대를 부정해야만 했을 것이다.

순교는 비단 초대교회에만 있었던 것은 아니다. 우리 시대에도 순교자는 있다. 나치 독일 시절에 진리와 정의를 위해 목숨을 내놓은 용감한 사람들이 있었다. 라틴아메리카에서는 그리스도교 복음에 따라 가난한 이들을 위해 헌신하는 사람들이 살해당하고 있다. 이들의 삶과 죽음을 전해 들을 때 이런 사람들이 있기에 우리 시대가 유지되고 있음을 느낀다. 그들이 없다면 우리 시대는 불행할 것이다. 오늘날에는 순교자의 원형이 지닌 양가성에 대해 훨씬 예민하게 생각해야 한다. 순교자의 원형과 자신을 동일시하면 그 역할에 스스로 만족하게 된다. 이는 매우 위험하다. 이를 때로는 집단에서 경험하게 된다. 이해받지 못하고 배척당한다고 느끼는 누군가가 있다. 진상을 밝히고 갈등을 해결하기 위해 나서기를 포기하고 순교자 역할로 도망친다면 그는 이 갈등과 관계된 자기 몫에 눈이 멀게 된다. 자신을 순교자로 여기고 다른 사람들에 대한 끝없는 비난만 남는다. "내가 고통을 받는 것은 다 너희 탓이다. 너희가 나를 순교자로 만들었다." 어떤 이들은 순교자 역할을 하고 싶은 유혹을 느낀다.

그러면서 그들은 자신들이 뭔가 특별한 존재라고 느끼고 남들 위에 서고 싶어 한다. 진정한 순교자는 그 원형과 자신을 결코 동일시하지 않는다. 존재로 증언할 뿐이다. 진리를 위한 투쟁에서 순교자가 된 사람에게는 자유와 확신, 힘과 진실함이 나온다. 그런 순교자들에게 남자들은 매혹된다. 남자들은 순교자에게서 자신도 가지고 싶은 남성 에너지가 분출됨을 느낀다. 오스카 로메로, 마틴 루터 킹, 디트리히 본회퍼, 몰트케 백작처럼 죽음을 두려워하지 않는 확고부동한 남자들은 남자도 여자도 모두 인정하는 긍정적인 남성상을 보여 준다.

나는 제3제국 시절 불의에 굴하지 않았던 아버지가 자랑스럽다. 아버지는 히틀러식 인사를 거부해 의심받았고 신고를 당하기도 했다. 1938년에 경찰이 가게에 찾아와 아버지 이름이 '그륀'Grün(초록)이라는 이유로 가게를 폐쇄하려고 했다. 초록은 유다인의 상징이었다. 아버지는 동요하지 않고 경찰에게 신분증을 요구했다. 경찰은 자신의 위세가 아버지에게 아무런 압력도 행사하지 못하자 없던 일로 했다. 아버지는 우리에게 항상 확신을 가지고 중요한 것에 헌신하라고 가르치셨다. 내가 항상 그렇게 하지는 못해도 비겁해질 때면 내 뒤에 아버지가 있음을 느낀다. 아버지는 내가 확고한 증언자가 되도록 든든히 내 뒤를 받쳐 주고 있다.

엘리야 | 예언자

예레미야가 자신의 소명을 의심하고 고통받는 예언자라면 엘리야는 강하고 자신감 넘치는 예언자다. 그는 혼자 바알 예언자 사백오십 명과 싸워 이긴다. 그는 믿음을 부인하는 모든 사람을 죽인다(1열왕 18장 참조). 엘리야는 그 공격성에서 자신의 이면을 알아채지 못한다. 무엇과 그토록 격렬히 싸운다는 것은 없애 버리고 싶은 그것에 끌리고 있다는 뜻이다. 바알은 다산의 신, 가나안의 여신을 말한다. 야훼는 남신, 전쟁의 신이다. 엘리야는 신의 일면만 보고 거기에 집착한다. 예언자로서 그의 소명은 엄격한 영성과 결합되어 있다. 엘리야는 자신의 남성적 면을 마음껏 발휘할 때 스스로를 강하다고 느낀다. 그러나 엘리야 안의 여성적 면이 이제

벨 여왕의 모습으로 나타나자 자기 확신은 무너져 버린다. "엘리야는 두려운 나머지 일어나 목숨을 구하려고 그곳을 떠났다"(1열왕 19,3). 그토록 극복하고자 했던 여성적인 면, 즉 이제벨을 보고는 달아난다. 홀로 광야에 있을 때 여성적인 면이 다시 그를 뒤쫓는다. 그는 이제 싸울 힘을 주었던 남성적 힘의 보호 없이 자신을 대면한다. 그리고 고백한다. 더 이상 살고 싶은 생각도 없고 죽어 버리고 싶다. "주님, 이것으로 충분하니 저의 목숨을 거두어 주십시오. 저는 제 조상들보다 나을 것이 없습니다"(1열왕 19,4). 그는 깊은 우울증에 빠진다. 하필 성공과 힘이 절정에 이르렀을 때 자신의 이면을 만난다. 그는 견딜 수가 없다. 그가 다른 이들에게서 없애려고 했던 것이 실은 자신 안에 있었음을 깨닫게 된다. 그는 조상들보다 나을 것이 없고 그가 대적해 싸웠던 사람들보다도 나을 것이 없다.

하느님은 엘리야를 훈련시킨다. 천사를 보내 그를 깨우고 일으킨다. 천사는 빵과 물을 가져와 원기를 북돋운다. 엘리야는 먹고 마신 후 다시 잠이 든다. 천사는 다시 찾아와 길을 떠나라고 한다. 음식을 먹고 힘을 얻은 그는 밤낮으로 사십 일을 걸어 신의 산 호렙에 이른다. 하느님은 거기서 그가 아는 하느님상이 편협했음을 보여 준다. 엘리야는 분노의 불길 속에서 적들을 말살해 버리는 강한 하느님만 보려 했다. 침묵 속에서 예언자는 자신만의 하느님상을 버리고 완전히 다른 하느님을 만난다. 더 이상 자신을 위해 이용하거나 자신의 과대망상이나 남성상을 채우는 도구로 하느님을 이용할 수 없음을 알게 된다. 엘리야는 하느님이 그에게 가라고 명한 길을 간다. 완전히 다른 하느님을 깨닫고 나서야 구약 최고의 예언자가 된다. 그는 엘리사를 후계자로 삼아 자신의 영을 주고 하늘로 승천한다.

성경이 우리에게 들려주는 엘리야의 승천 장면은 극적이다. "그들이 이야기를 하면서 계속 걸어가는데, 갑자기 불 병거와 불 말이 나타나서 그 두 사람을 갈라놓았다. 그러자 엘리야가 회오리바람에 실려 하늘로 올라갔다. 엘리사는 그 광경을 보면서 외쳤다. '나의 아버지, 나의 아버지! 이스라엘의 병거이시며 기병이시여!'"(2열왕 2,11). 엘리야는 엘리사를 예언자의 직무로 이끈다. 이는 남자가 되는 통과의례와도 같다. 엘리사는 스승 영의 두 몫을 달라 청한다. 엘리야가 하늘로 올라가자 엘리사는 스승의 겉옷을 들고 강물을 친다. 그러자 강물이 둘로 갈라진다. 스승의 힘을 얻게 된 것이다. 그는 이제 혼자 자신의 길을 가야 한다. 그는 엘리야를 아버지처럼 여겼고, 민족의 운명을 좌우하는 사람으로 체험했다. 스승 없이 혼자임을 느끼지만 그의 힘을 받았으니 용기 내어 하느님이 명한 길을 간다. 오늘날 남자에게도 남자가 되는 법을 가르쳐 줄 아버지와 스승이 필요하다.

엘리야 안에는 타오르는 불길이 있다. 그는 사람들을 열광케 하는 능력이 있었다. 그러나 이 능력에도 이면이 있다. 그 불은 바알 예언자들을 죽이는 장면에서처럼 격정의 불길이 될 수 있다. 불이 그를 휘감아 바알 예언자들을 죽이게 했다. 하늘로 올라갈 때 예언자는 스스로 불이 된다. 그는 하느님 사랑의 불에 의해 변화된다. 이제 불로써 오래전부터 불을 갈망했던 인간들을 따뜻하게 해 준다. 엘리야처럼 사람들을 열광케 하는 남자는 하느님과 관계없이 오직 자신의 공명심만 내세우는 잘못된 방향으로 이끌릴 수 있다. 그러지 않으려면 스스로 하느님의 불길을 통과해야만 한다. 이 능력을 오용하면 사람들을 자신에게 종속하도록 만든다. 엘리야는 사람들이 더 이상 그의 뒤를 따라다니지 않고 그의 영으로 채워질 수 있도록 하늘로 올려진다. 엘리야는 하느님에 의해 정화된다. 그 안에 있는 불길은 자신의 격정이 아니라 오직 하느님을 증언하기 위한 불길이다. 엘리야는 자신의 약점을 대면함으로써 하느님이 그에게 준 힘을 제대로 사용할 수 있게 된다. 자신의 이면을 대면하지 않는 남자는 자신의 힘으로 인간을 세우고 용기를 북돋아 주지 못하고 오히려 파괴할 위험이 있다.

세례 때 모든 그리스도인은 예언자로 기름부음을 받는다. 예언자의 임무는 다양하다. 예언자란 자신만의 고유한 방식으로 하느님을 선포하는 자다. 하느님이 그의 삶 속에서 그에게만 들려준 유일한 말을 이 세상에 전할 때 모든 이는 예언자가 된다. 누구나 하느님에 관해 오직 그만이 전할 수 있는 바를 전해야 한다. 오직 그만이 볼 수 있는 하느님의 면모를 보고 이 세상에 드러내 빛나게 할 수 있다.

예언자의 또 다른 임무는 사물을 하느님이 보는 대로 보는 것이다. "진정한 예언자는 우리가 진정 누구인지, 우리가 여기서 무엇을 하고 있는지, 우리가 하느님의 눈과 마음에는 무엇인지 가차 없이 우리에게 경고한다"(Arnold 198). 예언자는 우리가 남들의 영향을 받아 우리 자신과 세상에 대해 가지고 있는 편견을 깨뜨릴 수 있도록 눈을 열어 준다. 우리 안에는 이런 내적 예언자가 있다. 예언자는 깊이 파묻혀 있거나 단지 표면만 건드릴 뿐이다. 내 안에 있는 예언자를 찾지 못하면 기존의 것에 그저 불만을 가질 뿐 미래의 길을 제시하지 못하는 영원한 투덜이가 된다. 진정한 예술가는 항상 자기 안의 내적 예언자에 이르는 통로를 가지고 있다. "진정한 예술은 예언적이다. … 진실한 예술가는 우리에게 사물을 새로운 방식으로 보고 듣고 느낄 것을 요구하는 현실의 전망을 보여 준다"(Arnold 201).

예언자의 셋째 임무는 우리의 온 존재로 일어나 눈앞의 불의를 고발하는 일이다. 자신의 안녕을 돌보지 않고 권세 있는 자들의 잘못에 항거하는 일도 예언자의 몫이다. 예언자는 순응하고 실패 없이 사는 것에 만족하지 않는다. 이 세상과 교회가 잘못된 길을 가고 있다고 느끼면 목소리를 높인다. 예언자는 다른 사람들 눈 밖에 나지 않을까 두려워하지 않고 사물을 있는 그대로 보고 솔직하게 말하는 사람이다. 공의회는 교회의 예언적 소명을 새로이 발표했다. 그러나 오늘날 교회에, 시대의 흐름을 거슬러 진리와 정의를 말하고 사회에서 발언권을 빼앗긴 이들을 위해, 주변으로 내몰리고 쫓겨난 이들을 위해 말하는 사람이 어디 있는가? 예언자의 삶은 위험하다. 내 안에 있는 예언자로부터 세상의 실태를 밝히는 일에는 큰 대가가 따른다. 오늘날 예언자들은 엘살바도르에서, 짐바브웨에서, 알제리에서 소명의 대가를 목숨으로 치르고 있다. 교회도 예언자들을 꺼린다. 교회는 아예 그들의 입을 막고 싶어 하고, 그들에게 교회의 어떤 직위도 허락하지 않는다. 교회는 교회를 비판하는 그들을 비난한다. 단지 '교회의 위신을 훼손'하거나 비판자로서 스스로를 내세우려 한다는 이유로 말이다. 예언자는 고발하기 위해서가 아니라 하느님의 뜻을 새롭게 일깨우기 위해 비판한다. 우리가 지닌 조화로운 교회상이 하느님의 뜻과 항상 일치하는 것은 아니다. 교회는 겉으로 일치된 모습을 보이려고 내부 갈등이 드러나지 않게 숨기고 있다.

예언자의 원형이 가지는 위험은 예언자가 그 원형과 자신을 동일시하는 데 있다. 그러면 그는 자신의 진실에 눈 멀게 되는데, 진실을 말할 용기가 있는 사람은 자기뿐이며 다른 사람은 비겁하다고 생각한다. 그런 생각으로 다른 사람 위에 자신을 놓고 자신이 특별한 존재라고 느낀다. 예언자 역할에 빠져 권력욕과 절대적 주장만 내세운다는 것을 알아채지 못한다. 또 누군가는 성령을 받았다고 하면서 다른 사람에게 어떤 일이 일어날지 예언하거나, 미래의 끔찍한 종말을 그려 보일지도 모른다. 정말로 그것이 맞을지도 모른다는 생각에 그런 예언에 반대하지 못하는 사람도 많다. 예언자로서 말하면서 다른 이들 위에 서려 한다. 정상적인 의사소통을 떠나 나를 상대방 위에 놓으려는 것이다. 상대는 그저 내게 복종해야 한다. 나의 예언에 토를 달지 못하게 한다. 그 예언은 절대적이다. 자신을 예언자의 원형과 동일시하고 그것을 통해 얻게 된 권력에 도취되는 위험에 빠지는 사람들이 있다.

엘리야는 예언자의 이런 위험을 경험했다. 그는 예언자의 권력을 즐겼다. 그러나 예언자의 힘이 그에게서 사라지는 것을 고통스럽게 겪어야 했다. 그는 고요 속에서 하느님에게 귀 기울이기 위해 동굴에 이르렀다. 하느님은 예언자에게 그가 전해야 할 말을 늘 곧바로 들려주시는 건 아니었다. 고요 속에 머무른다고 하느님이 항상 말해 주는 것은 아니다. 하느님은 때때로 인간과 함께 침묵하길 원하신다. 비단 인간의 목소리뿐 아니라 무엇보다 그의 마음을 원하시기 때문이다. 고요 속에서 예언자는 자신의 이면을 만나게 된다. 그때 예언자는 다른 사람들 위에 서고자 하는 위험을 깨닫는다. 자신의 전 존재를 바쳐야 하느님의 말씀이 그에게 내릴 수 있었다. 그 말씀은 자신을 내세우는 데 이용할 수 없다. 예언자가 자신의 마음을 하느님에게 열 때만 하느님의 이름으로 말할 수 있다. 자신의 권위를 보이기 위해서가 아니다. 그에게 하느님이 그렇게 하도록 시켰기 때문에 말하는 것이다.

우리 시대에도 사회의 적대적 경향에 맞설 예언자, 직위를 남용해 국민을 억압하는 권력자들에게 대항하라는 하느님의 부름에 응답할 예언자가 필요하다. 이런 예언자적 남자에게는 엘리야가 내뿜는 힘과 불길이 필요하다.

욥 | 고통받는 의인

욥은 실제 존재했던 역사적 인물이 아니라 현명하고 의로운 남자의 원형이다. 성경의 인물 중 제2차 세계대전 이후 문학에서 욥처럼 주목받는 인물도 없다. 욥은 '모든 사람의 적이 된 사람'을 뜻한다. 그는 모든 사람의 적이 되었고, 하느님마저 친구나 보호자가 아니라 그에게 불행만 강요하는 이해할 수 없는 존재가 되었다. 욥은 '아버지는 어디에 있는가?'라는 뜻이기도 하다. 욥처럼 고난을 많이 겪은 사람은 자신을 아버지 없는 사람으로 느낀다. 예상치 못한 불치병에 걸렸을 때, 지금까지 쌓아 온 삶이 한꺼번에 무너져 내릴 때 혹은 사랑하는 사람을 잃었을 때 욥처럼 우리는 '하느님 아버지'를 소리쳐 부른다. 사는 게 뭔지 더 이상 이해할 수 없을 때 아버지를 부른다. 욥처럼 하느님을 아버지로서가 아니라 적으로 체험하게 되면 하느님을 비난하곤 한다.

욥이 태어난 우츠라는 곳은 지리학적으로는 알 수 없지만 인간들이 여전히 하느님과 근원적이고 훼손되지 않은 관계를 맺고 있는 이상의 땅이다. 하느님과의 관계가 죄에 의해 흐려지지 않았기에 이곳은 천국과 같은 상태다. 그러나 사탄이 욥을 천국에서 내쫓는다. 사탄이 그의 신앙을 시험하려고 그를 시련에 빠뜨린다. 욥기의 저자가 서술하는 이 시련은 바빌론 유배 시절 이스라엘 민족이 치른 시련과 같은 것이다. 이 시련은 정의를 추구하지만 항상 고통과 재앙만 경험하는 모든 남자에게 적용된다. 욥기는 남자들에게, 모든 것이 무너져 내릴지라도 절망하지 않고 하느님을 등지지 않는 길을 보여 준다.

성경은 욥에 관해 "그 사람은 흠 없고 올곧으며 하느님을 경외하고 악을 멀리하는 이였다"(욥 1,1)라고 말한다. 그의 올곧음은 보상을 받았다. 그는 일곱 아들과 세 딸과 함께 많은 재산을 가지고 평화롭게 삶을 향유했다. 그러다 갑자기 불행이 닥친다. 재산과 가족, 마지막에는 건강까지 모든 것을 빼앗긴다. 소중했던 모든 것을 잃자 땅바닥에 주저앉아 말한다. "알몸으로 어머니 배에서 나온 이 몸, 알몸으로 그리 돌아가리라. 주님께서 주셨다가 주님께서 가져가시니 주님의 이름은 찬미받으소서"(욥 1,21). 그렇게 성공한 삶을 살았던 이 남자는 재산에 매달리지 않는다. 그는 하느님이 그에게서 모든 것을 가져가는 것을 받아들인다. 매우 놀라운 태도다. 그는 성공한 삶에 대한 모든 환상을 버린다. 친구들이 와서 처음에는 아무 말도 하지 않고 그의 곁을 지킨다. "그들은 이레 동안 밤낮으로 그와 함께 땅바닥에 앉아 있었지만, 아무도 그에게 말 한마디 하지 않았다. 그의 고통이 너무도 큰 것을 보았기 때문이다"(욥 2,13). 다른 사람의 고통을 함께 견디면서 한마디도 하지 않을 수 있다는 것은 대단히 마음 넓은 태도. 그러나 이레가 지나자 그들은 욥의 운명을 억지로 설명하려 한다. 친구의 운명은 죄지은 자에게 불행이 찾아온다는 그들의 신학을 확인시켜 주었다. 그러니 욥은 자신이 어떤 죄를 지었는지 알아내야 한다는 것이다.

어떤 이의 운명을 해석하고 그에 관한 이론을 내세우려 하는 것은 내가 그를 멀리한다는 표시다. 고난에 빠진 사람과는 관계 맺고 싶지 않다는 뜻이다. 그래서 이론을 만들어 그 뒤에 숨는다. 그러나 욥은 친구들의 이런 이론을 거부하고 자신의 운명을 해석하려 하지 않는다. 그는 자신이 하느님 앞에서 죄지은 적이 없다고 고집한다. 정말 놀라운 일이다. 우리 모두는 죄인이라고 배우지 않았던가? 욥은 자신의 느낌을 믿는다. 그는 하느님과 하느님의 뜻에 거스르는 행동을 한 적이 없다. 그는 무엇이 옳은지에 대한 자신의 느낌을 믿는다. 운명의 책임은 자신에게 있다고 말하는 친구들에게 자신의 믿음을 거슬러 설득당하지 않는다. 하느님은 결국 그가 옳았음을 인정한다. 하느님은 욥의 친구들에게 말한다. "너희가 나의 종 욥처럼 나에게 올바른 것을 말하지 않았기 때문이다"(욥 42,7). 하느님은 변명하지 않는다. 단지 자신의 창조 기적을 욥에게 보여 줄 뿐이다. 시련을 겪은 욥은 이를 완전히 받아들인다. 그가 자신의 눈으로 하느님이 창조한 것을 보았을 때 고백한다. "그렇습니다, 저에게는 너무나 신비로워 알지 못하는 일들을 저는 이해하지도 못한 채 지껄였습니다"(욥 42,3).

나는 욥이 비굴하게 물러서지 않고 자신의 느낌을 믿는 모습이 참 좋았다. 그는 자신이 죄가 없다는 것을 믿는다. 남자들은 욥을 이해할 수 있을 것이다. 그들은 수세기에 걸쳐 하느님 앞에서 머리를 조아려야 했고, 어디서든 자신의 죄를 찾아야 한다는 것에 괴로워했다. 욥은 우리가 스스로를 죄지은 자라 비난하지 않고 떳떳이 우리 자신일 수 있음을 보여 준다. 니체는 가톨릭이 어디서든 죄 냄새를 맡으려 하고 인간의 가치를 평가절하하는 경향이 있다고 비판했다. 타당하다. 우리가 하는 모든 일을 정당화하자는 말이 아니다. 자신의 행동에 대해 건강한 태도를 갖자는 말이다. 올바르게 살려고 하는 사람은 그에 걸맞는 행동이 무엇인지 알고, 그가 지키고자 하는 가치가 무엇인지 알고 있다. 어떻게든 죄와 죄책을 찾아내려고 뒤를 캐는 데만 몰두해, 올바르게 살려는 모든 노력을 가치 없는 것으로 만들어 버린다면 그는 어떤 일도 해낼 수가 없다. 욥은 우리에게 모든 섣부른 해석에 대항할 용기를 준다. 나에게 왜 이런 병이, 왜 이런 운명이 찾아왔는지 알 수 없다. 이유도 모르고 그저 견뎌야 한다. 다른 이들이 나의 상황에 대해 이러쿵저러쿵 설명하려 들면 남자들은 거부반응을 보인다. 설명할 수 없는 일도 있다는 것을 어렴풋이 알고 있다. 그들은 섣부른 설명을 믿기보다 차라리 견디고자 한다.

하느님은 욥의 옳음을 인정하고 결국 모든 재산을 돌려준다. 욥은 부와 명예로 자신을 규정하기를 그만두고 모든 것을 놓아 버린 후에야 돌려받는다. 그리하여 욥은 그런 것들에 매달리지 않으면서 모든 것을 향유할 수 있게 된다. 성경은 고통받는 의인을 통해 하느님은 실패 자체도 변화시킬 수 있는 힘이 있다는 것을 보여 준다. 모든 것을 잃은 사람에게 하느님은 그 이전의 것보다 더 나은 새로운 것을 주실 것이다. 이는 자신이 꿈꾸던 대로 삶이 잘 진행되지 않는 남자들을 위로하는 메시지다.

욥을 통해 우리는 고통받는 의인을 만난다. 이스라엘에서 고통받는 의인은 원형적 상이었는데 이는 훗날 예수에게서도 볼 수 있다. 정의로운 사람은 시련을 겪어야 한다는 고통스러운 사실이 이 원형에 표현된다. 여기에서 수난의 신학이 새롭게 쓰였다. 모든 종교에는 인간이 불행을 자초했으며 자신의 아픔에 스스로 책임이 있다는 견해가 있다. 이제 심리학에 익숙한 우리는 이런 신학 바탕에는 무언가가 있음을 알고 있다. 이는 위험한 신학이다. 이 신학은 병자에게 당신 병은 당신이 자초한 것이라고 말하는 것과 같다. 그리고 모든 고통받는 사람들에게 당신 탓이라고, 당신은 당신과 당신의 진실을 무시하고 살았음이 틀림없다고 말한다. 욥은 인간을 경멸하는 이 신학에서 우리를 해방시켜 준다. 고통은 고통받아 마땅한 사람들에게만 찾아오는 것이 아니라 올바르게 사는 사람들에게도 닥친다. 이유는 알 수 없다. 자신에게서 열심히 심리적 혹은 도덕적 죄를 찾는다고 해서 이 문제가 해결되는 건 아니다. 욥처럼 고통에 맞서 싸우고 하느님과 씨름하고 그런 무리한 요구를 하시는 하느님을 비난해도 된다. 우리는 얼마든지 어떤 감정이든 가질 수 있다. 분노, 슬픔, 실망, 절망, 고통을 수용할 때만 비로소 이 모든 감정이 변할 수 있고, 어느 순간 우리도 욥처럼 하느님의 신비를 깨닫게 된다. 그렇다고 우리가 고통의 의미를 설명할 수 있는 건 아니다. 우리는 고통의 이유와 의미를 신학적으로 해명하기를 포기한다. 이해할 수 없는 하느님과 이유를 알 수 없는 고통 앞에 침묵하면서 그저 무릎을 꿇는다. 해석하기를 포기함으로써 욥이 그랬던 것처럼 우리 안에는 어떤 새로운 것이 자라난다. 욥은 새로운 출발을 감행했고 그의 삶은 전보다 훨씬 풍부해졌다.

고통받는 의인의 원형은 순교자의 원형과 닮았다. 그러나 차이가 있다. 순교자는 그의 확신을 고수하기에 고통을 당한다. 의인은 왜 고통을 겪어야 하는지 모른다. 그가 고통을 당하는 것은 그가 의로워서도 아니고 죄를 지었기 때문도 아니다. 고통은 수수께끼로 남는다. 욥은 자신이 고통을 겪는 이유를 알 수 없다. 그저 그에게 닥친 고통을 받아들일 수밖에 없다. 그의 과제는 고통의 도전을 받아들이고 이를 통해 성장하는 것이다. 남자들은 고통을 피하고 싶어 한다. 고통을 억압하거나 약, 영적 기술, 식이요법 등 가능한 모든 수단을 동원해 고통을 없애려 한다. 또한 고통을 이기고 조정할 수 있게 되기를 원한다. 고통은 무엇을 변화시키라는 하나의 도전이다. 고통에 적극적으로 접근하는 남자들이 있다. 이는 남자의 아주 건강한 측면이다. 그러나 맞서 싸우거나 이길 수 없는 고통도 있다. 그런 고통과는 화해해야 한다. 이것이 매우 힘들다. 스스로의 힘으로 고통을 이겨 내지 못한다는 고백은 자존심 상하는 일이다. 그러나 고통을 마주하고 하나의 도전으로 받아들인다면 고통은 그들에게 좋은 스승이 될 것이다. 고통은 자신에 대해 가지고 있던 환상을 버리도록 한다. 가령 자신들의 삶을 스스로 제어하고 있다든가, 건강한 생활 방식으로 건강을 확신한다든가 하는 환상 말이다. 병과 고통을 겪으면 지금껏 내가 기대고 있던 모든 것이 사라진다. 더 이상 성공, 힘, 건강으로 나를 정의할 수 없다. 나는 더 깊은 근거, 즉 내가 사는 본디의 근거로써 하느님이 필요하다.

고통을 대면하고 통과한 남자들에게서는 고유한 분위기가 풍겨 나온다. 고통은 그들을 현명하고 온화한 사람으로 만들었다. 또 고통은 깊은 신비를 알게 해 주었다. 나는 그런 남자들을 만나면 항상 깊은 감동을 받는다. 내 안에서는 이 남자들의 비밀, 그들의 지혜, 고통 속에서 겪었던 변화에 대한 경외심이 인다. 욥기는 욥이 모든 재산을 돌려받고 전보다 더 부유해지는 것으로 끝난다. 이 행복한 결말의 배후에는 고통이 있었다. 이런 '해피 엔드'는 고통을 통과한 남자들에게서 볼 수 있다. 그들이 전과 똑같은 건강, 힘, 성공을 되돌려 받는 것은 아니다. 하지만 그들에게서는 외적 풍요 이상의 것이 나온다. 그들에게서 비치는 내적 풍요는 그들이 고통을 겪기 전에 보여 주었던 힘을 능가한다. 이런 남자들은 나를 사로잡는다. 그들은 우리에게 진정한 삶이 어떻게 가능한지 가르쳐 준다. 당연히 고통을 통과해 이와 비슷한 분위기를 비치는 여자들에게도 같은 이야기를 할 수 있다. 여자들도 고통받는 의인의 신비를 느낄 수 있을 것이다.

요나 | 악동

예언자 요나는 흥미로운 남자다. 미국 예수회 사제 패트릭 아널드는 그가 악동의 원형을 구현한다고 본다. 각 지방마다 요나 이야기를 개작한 재미있는 이야기들이 전해 내려오는 것은 우연이 아니다. 요나 이야기는 사람들에게 하느님도 유머를 알고 계시다는 인상을 남겼다. 광대가 본의 아니게 우스꽝스러운 상황에 빠지듯, 요나도 자기 뜻과는 상관없이 악동이 된다. 요나 이야기를 쓴 저자는 틀림없이 하느님의 유머를 이해하는 사람이었을 것이다. 중세에 그려진 회화에서 예언자 요나는 소년 같은 얼굴에 대머리로 표현되었다. 이 성경 속 인물의 악동 같은 성격을 드러내는 회화가 많이 있다.

하느님은 요나에게 니네베로 가서 그들의 죄악이 하느님에게까지 치솟아 올라 그 심판이 임박했음을 알리라는 명을 내린다. 그러나 요나는 하느님의 명을 피해 반대 방향으로 도망친다. 후에 요나는 하느님은 자비로우시니 그들을 벌하지 않으리라는 것을 이미 알고 있었다고 도망간 이유를 댄다. 이것이 하느님을 화나게 한다. 그는 타르시스로 가는 배를 탄다. 도중에 배는 거센 폭풍을 만나 침몰할 위기에 빠진다. 선원들은 누구 때문에 이런 재앙이 닥쳤는지 알아보려고 제비뽑기를 한다. 요나가 제비를 뽑는다. 그는 마지못해 주님을 피해 도망치고 있다는 사실을 고백한다. 요나가 자청해 선원들은 그를 바다에 던진다. 그러자 바다는 곧 잔잔해진다. 요나가 그렇게 하려고 한 것도 아닌데 결국 요나는 선원들이 주님을 믿도록 회심시킨다. 그들은 이스라엘 신에게 제물을 바치고 서원을 한다(요나 1,3-16 참조).

큰 물고기가 요나를 삼켜 사흘 후에 다시 토해 놓는다. 이것은 익히 알려진 영웅 신화의 한 장면이다. 항상 괴물이 나타나 주인공을 삼킨다. 주인공은 이를 통해 정화하고 성장해 다시 태어난다. 요나는 다시 니네베로 가라는 하느님의 명을 받는다. 이번에는 명을 따른다. 그는 도시를 돌아다니며 선포한다. "이제 사십 일이 지나면 니네베는 무너진다!"(요나 3,4). 그리고 그에게는 화가 나는 일이지만, 놀랍게도 니네베 사람들은 예언을 진지하게 받아들여 회개한다. 그의 설교가 성공을 거둔 것이다. 그러나 그는 불만이다. 그는 그들이 회개하는 것보다 그 도시가 박살나는 것이 보고 싶었다. 뜻하지 않은 성공에 잔뜩 화가 나서 그는 하느님에게 불평한다. "저는 당신께서 자비하시고 너그러우신 하느님이시며, 분노에 더디시고 자애가 크시며, 벌하시다가도 쉬이 마음을 돌리시는 분이시라는 것을 알고 있었습니다. 이제 주님, 제발 저의 목숨을 거두어 주십시오. 이렇게 사느니 죽는 것이 낫겠습니다!"(요나 4,2). 정말 놀라운 반응이다. 그는 니네베 사람들이 삶을 선택했다고 죽고 싶어 하는 것이다. 여기서 요나가 화내는 건 좀 우습고 괴상하다. 요나는 모든 일이 매끄럽게 잘되고 있는데 의도적으로 분노와 슬픔에 빠지는 광대 같다. 광대는 관중의 예상과는 전혀 다르게 행동한다.

광대 놀음 같은 요나의 이야기는 계속된다. 요나는 도시 근처에 자리 잡고 거기에 초막을 친다. 그늘에 앉아 도시가 어떻게 되는지 지켜보기 위해서다. "주 하느님께서는 아주까리 하나를 마련하시어 요나 위로 자라 오르게 하셨다. 그러자 아주까리가 요나 머리 위로 그늘을 드리워 그를 고통스러운 더위에서 구해 주었다. 요나는 그 아주까리 덕분에 기분이 아주 좋았다"(요나 4,6). 그러나 벌레 한 마리가 아주까리를 쏠게 하여 풀이 시들어 버리자 요나는 다시 죽고 싶다고 한다. 하느님께서 아주까리 하나 때문에 그렇게 화내는 것이 정말 옳으냐고 물으시자 그는 대들면서 말한다. "옳다 뿐입니까? 화가 나서 죽을 지경입니다"(요나 4,9). 요나는 반항하며 토라진 어린아이 같다. 어른들은 이 아이를 그저 웃으며 바라볼 뿐이다. 어른들은 심각하게 받아들이지 않는다. 요나 스스로도 자신의 과장된 행동을 진지하게 생각하지 않는 듯하다. 그는 비극을 연기하지만 속으로는 이것이 원래 희극이라는 것을 알고 있다.

내게 요나서는 '모든 경계를 허무는 하느님의 보편 구원 의지'를 확인시켜 주는 것 이상이다. 나는 요나서의 유머가 마음에 든다. 이는 하느님과의 관계에 유머를 더해 준다. 이 덕분에 요나의 설교와 행동은 그리 심각하게 여겨지지 않는다. 남자들이 삶의 계획을 너무 심각하게 여기고 모든 것을 완벽하게 해내기 위해 악착같이 애쓴다면 그들의 삶은 지겨워진다. 삶의 여유와 생동감은 사라진다. 유머는 자기 자신을 여유롭게 받아들이게 해 주는 전제가 된다. 또 우리가 너무 진지하게만 영성을 추구하는 것을 막아 준다. 때때로 영성 서적들은 너무 많은 파토스Pathos를 담고 있다. 악동이 그렇듯이 요나는 파토스를 전혀 모른다. 악동은 비장함을, 뻔하고 평범한 우리 삶의 현실에서 도피하는 한 방법이라고 폭로한다. 유머는 평범하고 일상적인 것을 받아들이는 것이다. 이것은 애정을 가진 넉넉한 받아들임이지 억지로 받아들이는 것은 아니다.

나는 아버지의 이런 점을 늘 존경했다. 아버지는 뭔가 생각했던 대로 잘되지 않을 때 화를 내기보다 웃었다. 가게가 잘되지 않아 부모님은 성탄절에 우리에게 선물을 줄 수 없었다. 아버지는 막내 여동생에게 머리카락 없는 인형이 얼마나 예쁜지 끈기 있게 설명하면서 이를 무마하려 했다. 동생에게는 이 말이 먹히지 않았다. 부모님의 설득에도 불구하고 동생은 인형을 구석에 내던져 버렸다. 아버지는 계속 시도했지만 성공하지 못했다. 아버지는 동생을 혼내는 대신 그저 웃을 뿐이었다. 아버지의 말솜씨도 동생의 고집을 꺾지 못했나 보다.

악동의 원형에는 세 종류가 있다. 하나는 동물의 모습을 한 악동, 예컨대 인디언의 코요테Coyote 같은 것이다. 만화 영화에서 동물 모습을 한 악동은 오늘날도 인기를 얻고 있고 관객들의 웃음을 자아낸다. 융은 동물 악동이 우리의 동물적 본능을 상기시킨다고 한다. 유머를 통해 웃게 하여 우리의 동물적 본성을 긍정하게 만든다. 자신의 동물적 측면을 부정하는 사람은 바로 그 동물적 본성에 사로잡히기 마련이다. 동물 악동이 등장해 우리에게 지혜를 가르쳐 주는 동화가 많이 있다.

또 악동은 자주 사람의 모습을 하고 등장해 우리의 이면을 들추어낸다. 악동은 우리가 맡은 역할과 우리를 동일시하려고 하면 어김없이 나타나는 오뚝이 같은 존재다. 악동은 우리 자신에게 허세 부리는 것을 허용하지 않는다. 악동은 영적인 존재다. 우리가 자신의 신앙을 너무 자만해 남들보다 잘났다고 생각하지 못하게 해 준다. 그는 우리가 인간임을 일깨워 준다. "자신에 대해 웃을 수 있는 유머는 건강한 신앙을 가졌다는 표지다. 반면에 병약한 신앙에는 가식적 허세가 가득하다"(Arnold 215). 중세 교회에는 바보들의 축제가 있었다. 거기엔 어린이 주교가 있고 바보 교황도 있었다. 종교에는 교조주의와 전통에 대한 근본주의적 집착에 빠지지 않기 위해 바보들이 필요한지도 모른다.

그리스 신화에는 헤르메스가 있다. 그는 꾀가 넘치는 악동이다. 태어난 지 얼마 안 되어 어린 헤르메스는 형 아폴론의 소를 훔친다. 교묘히 흔적을 남기지 않았지만 지혜로운 아폴론은 헤르메스의 짓임을 짐작하고 그의 동굴로 찾아온다. 헤르메스는 모르는 척한다. 아직 기저귀를 차고 있는 갓난아이 헤르메스는 도둑처럼 보이지 않았다. 자기 안의 헤르메스를 만난 사람은 재치, 영리함, 변신하는 능력이 뛰어나다. 모든 원형이 그렇듯 이 원형도 양면이 있다. 이 원형에 지배받는 사람은 기발한 도둑이나 계략이 넘치는 사기꾼이 될 수도 있다. 그러나 그리스인에게 헤르메스는 영혼의 인도자이기도 하다. 그는 영혼의 음모를 꿰뚫고 있다. 하늘(올림포스)·땅·지하 세 영역을 두루 돌아다니는 유일한 신이다. 그는 우리 심연에 숨은 모든 것이 드러날 수 있도록 자신의 이면 세계, 즉 하데스의 깊은 곳으로 내려간다. 그는 유머러스한 방식으로 우리의 진실을 보여 준다. 우리가 감추고 싶어 하는 것을 밝은 빛 아래 드러내 보이기 위해 겸손하게 우리 영혼 이면의 세계로 내려갈 수 있는 용기를 준다. 이것이 신적 악동의 원래 의미다.

남자들은 모이면 우스운 이야기를 하곤 한다. 때로 여자들은 남자들이 얄팍하고 거친 농담을 하며 낄낄거린다고 한심해한다. 남자들은 함께 만나 즐기고 싶어 한다. 이 농담들이 때로는 여자를, 때로는 권력자를 희생양으로 삼지만 거기에는 삶을 너무 심각하게만 받아들이지 않으려는 욕구와 고된 직장 생활이나 과장된 영성의 파토스에서 벗어나려는 욕구가 반영되어 있다. 남자는 유머가 있어야 한다. 이 세상에서 느긋하게 살려면 자신 안의 악동이 필요하다. 악동이 없다면 이 세상에 대한 분노에 빠지고 말 것이다. 물론 악동도 이면이 있다. 그는 모든 것을 조롱하고 모든 책임을 회피하려고 한다. 남자에게는 세상의 불의에 맞서 싸우려는 자세와 악동이 지닌 내적 자유, 이 양극 모두가 필요하다. 진정한 악동은 이 세상의 모든 허위와 불의의 가면을 벗긴다. 이러한 폭로에는 단순히 폭력적인 방법으로 부닥치는 것보다 더 큰 힘이 숨어 있다. 무엇과 맞서 싸우는 사람은 흔히 그 싸움에 사로잡혀 한 걸음도 나가지 못한다. 불의를 폭로하는 사람은 폭로함으로써 불의의 힘을 빼앗는다. 유머는 저항하는 힘이다. 이런 까닭에 전체주의는 특히 유머를 두려워한다. 오늘날도 정치가들은 대단한 열정을 지니고 등장한다. 그때 이런 열정이 사람들을 현혹하려는 시도임을 폭로하는 악동의 사회비판적 기능이 필요하다.

베드로 | 바위

모든 복음이 베드로를 열두 제자들의 우두머리로 보고 있다. 그러는 동시에 실수와 약점으로 괴로워하는 사람으로 그린다. 예수는 그를 바위라 부른다. 바위는 흔들리지 않고 굳건히 자리를 지키는 자를 비유한다. 성경에서 하느님은 우리를 지켜 주는 바위라 불리곤 한다. 바위는 든든한 버팀목이 되어 주고, 우리는 바위에 기댈 수 있다. 그러나 바위 베드로는 믿음직스럽지 못한 인상을 준다. 그는 비겁하고 회피한다. 시몬 베드로는 다른 이들을 위한 바위가 되기 위해 오랫동안 성장 과정을 거쳐야 했다. 종종 파도 한가운데 있는 바위 같은 남자를 볼 때가 있다. 그들을 보면 경탄하게 된다. 베드로의 이야기는 비겁함과 약점에도 불구하고 베드로처럼 변화의 길을 걸어간다면 우리도 다른 이들을 위한 바위가 될 수 있음을 보여 준다.

가장 오래된 복음서에서 예수는 먼저 시몬과 그의 동생 안드레아를 부른다. 배도 없이 그저 그물 하나만 가진 그 둘은 어부들 중에도 가난한 축에 속한다. 그에 비해 야곱과 동생 요한은 사회적 신분으로 보면 더 높은 위치에 있었다. 그들도 어부지만 배도 있고 선단도 운영한다(마르 1,16-20 참조). 루카는 이런 사회적 신분 차이를 희석시키고 있다. 베드로는 중간 계급에 속한다. 그는 부름을 받은 후 곧바로 중심에 서게 된다. 예수의 말씀에 따라 물고기를 많이 잡게 되었을 때 베드로는 예수의 발아래 무릎을 꿇고 말한다. "주님, 저에게서 떠나 주십시오. 저는 죄 많은 사람입니다"(루카 5,8). 베드로는 예수와의 만남에서 자신의 현실을 깨닫는다. 자신이 죄인이며 영적 생활을 하려고 예수의 뒤를 따르는 경건한 사람들에 속하지 않음을 고백해야 한다. 그리스어에서 죄인이란 자신의 삶을 허비하고 목표를 이루지 못한 사람을 지칭한다.

후에 베드로는 예수의 변모 때 제자들 중 나서서 말하는 사람이 된다(루카 9,33 참조). 베드로는 즉흥적인 사람이다. 예수가 제자들에게 질문을 던지면 곧바로 대답하는 사람은 항상 베드로다. 예수가 제자들에게 자신을 누구라고 생각하느냐고 묻는 장면에서 베드로의 이런 모습이 잘 드러난다. 베드로는 곧바로 대답한다. "스승님은 살아 계신 하느님의 아드님 그리스도이십니다"(마태 16,16). 예수는 그의 대답을 듣고 칭찬한다. "시몬 바르요나야, 너는 행복하다! 살과 피가 아니라 하늘에 계신 내 아버지께서 그것을 너에게 알려 주셨기 때문이다. 나 또한 너에게 말한다. 너는 베드로이다. 내가 이 반석 위에 내 교회를 세울 터인즉, 저승의 세력도 그것을 이기지 못할 것이다"(마태 16,17-18). 시몬은 예수의 비밀을 깨달았고 또 그를 메시아로, 살아 있는 하느님의 아들로 믿었기에 교회의 반석이 된다. 확고한 신앙을 지닌 사람은 다른 이들을 위한 바위가 된다. 회의하는 자들은 항상 그를 의지해 일어설 수 있다.

그러나 베드로는 예수가 맡긴 바위로서의 역할에 부합하지 못한다. 예루살렘에서 예수가 자신에게 닥칠 고통과 처참한 죽음에 관해 이야기하자 베드로는 예수를 붙들고 설득하려 한다. "맙소사, 주님! 그런 일은 주님께 결코 일어나지 않을 것입니다"(마태 16,22). 예수의 수난은 베드로가 생각하는 하느님과 메시아의 모습과 맞지 않았다. 베드로는 자신이 생각하는 성공한 메시아상에 예수를 끼워 맞추려 한다. 하느님은 예수가 그런 수난을 당하지 않도록 보호해 주어야 한다고 생각한다. 예수는 하느님의 아들이 아닌가. 그러나 예수는 대뜸 그를 꾸짖는다. "사탄아, 내게서 물러가라. 너는 나에게 걸림돌이다. 너는 하느님의 일은 생각하지 않고 사람의 일만 생각하는구나!"(마태 16,23). 예수는 베드로를 심하게 꾸짖는다. 예수는 베드로의 머릿속에는 오직 자신의 생각만 들었지 하느님의 뜻을 이해하지 못한다고 생각한다. 예수는 베드로가 믿을 만한 바위가 아니라 그에게 방해가 되는 걸림돌이라고 꾸중한다. 예수의 공동체에서 지도자 역할을 맡아야 할 베드로는 예수가 겪을 수난의 의미를 파악하지 못한다.

결국 베드로는 예수의 수난 때 전혀 명예롭지 못한 모습을 보인다. 수난 전날 밤, 제자들이 자신에게서 떨어져 나갈 것이라고 예수가 말하자 베드로는 자신 있게 대답한다. "모두 스승님에게서 떨어져 나갈지라도, 저는 결코 떨어져 나가지 않을 것입니다"(마태 26,33). 예수는 닭이 울기 전에 베드로가 자신을 모른다고 할 것을 예고한다. 베드로는 절대 아니라고 한다. 그는 커다란 확신과 강한 열정을 가지고 맹세한다. "스승님과 함께 죽는 한이 있더라도, 저는 스승님을 모른다고 하지 않겠습니다"(마태 26,35). 그러나 몇 시간 지나지 않아 평범한 하녀 앞에서 베드로의 비겁함이 드러난다. 하녀가 베드로에게 다가와 예수와 함께 있지 않았느냐고 묻는다. 이는 베드로에게 별 해가 될 것도 없는 상황으로 보인다. 만일 수석 사제들과 원로들이 예수의 제자들도 체포하려고 했다면 예수를 체포할 때 같이 했을 것이다. 그러나 그들이 원한 것은 예수뿐이었다. 베드로는 아무것도 아닌 하녀의 말에 예수를 부인한다. "나는 당신이 무슨 말을 하는지 모르겠소"(마태 26,70). 두 번째는 더 강하게 부인한다. "나는 그 사람을 알지 못하오"(마태 26,72). 삼 년 동안이나 예수와 함께 온 나라를 돌아다닌 그가 예수를 모른다고 한다. 세 번째는 급기야 자신의 말이 거짓이면 천벌을 받겠다고 맹세까지 한다. 베드로의 이 말에 얼마나 큰 두려움과 비겁함이 드러나는가! 그는 시달리고 싶지 않다. 떳떳하지 못하다. 예수를 부인하면서 자신을 부인하고 있다. 그는 적대자들의 불가에서 몸을 덥히고 싶다. 추운 밤 따뜻하게 불을 쬐면서 편안하게 있고 싶은 것이다. 낯선 사람들의 온기가, 그토록 자신을 사로잡았던 예수와의 우정보다 중요해졌다. 닭이 울자 그는 자신이 무슨 짓을 했는지 깨닫는다. "밖으로 나가 슬피 울었다"(마태 26,75). 바흐는 이 문장을 모티프로 곡을 만들었다. 독창자에게는 이 구절을 부를 때마다 베드로의 고통을 잘 표현해 내는 일이 하나의 도전이다.

요한은 나름의 방식으로 베드로를 묘사한다. 생명의 빵에 관한 말씀이 끝난 후 제자들이 스승을 떠났을 때 예수는 묻는다. "예수님께서는 열두 제자에게, '너희도 떠나고 싶으냐?' 하고 물으셨다. 그러자 시몬 베드로가 예수님께 대답하였다. '주님, 저희가 누구에게 가겠습니까? 주님께는 영원한 생명의 말씀이 있습니다. 스승님께서 하느님의 거룩하신 분이라고 저희는 믿어 왔고 또 그렇게 알고 있습니다'"(요한 6,67-69). 이때도 베드로는 가장 앞에 나서서 말한다. 그는 예수를 믿고 예수 곁에서 믿음을 갖게 되었다. 그는 예수를 통해 하느님이 당신을 표현하고 있다는 것을 그리고 그의 말이 진실로 삶으로 이끄는 말이라는 것에 눈을 뜨게 되었다.

예수의 말에서 베드로는 생명을 느꼈다. 예수가 말할 때 그는 살아 있음을 느꼈다. 그는 이를 저버리기 싫다. 다른 제자들보다 그는 예수의 말을 소중히 여긴다. 그러나 요한 복음에서도 베드로는 수난당하는 예수를 배반한다. 예수의 죽음 후 요한은 베드로가 중요한 역할(물론 예수가 사랑한 제자와 함께이기는 하지만)을 하는 장면 몇 가지를 더 기록한다. 성서학자들은 여기서 요한이 예수가 사랑한 제자인 요한 자신의 공동체와 베드로가 중요한 역할을 했던 교회 전체와의 결합을 의도했다고 해석한다. 이보다 내게 중요한 것은 베드로라는 인물의 성격을 드러내는 일이다.

마리아 막달레나가 무덤이 빈 것을 발견하고 제자들에게 알리자 베드로와 예수가 사랑한 제자는 함께 달려간다. 예수가 사랑한 제자가 베드로보다 먼저 도착한다. 그러나 그는 베드로를 먼저 들어가게 한다. 베드로는 무덤 안으로 들어간다. "시몬 베드로가 뒤따라와서 무덤으로 들어가 아마포가 놓여 있는 것을 보았다. 예수님의 얼굴을 쌌던 수건은 아마포와 함께 놓여 있지 않고, 따로 한곳에 개켜져 있었다"(요한 20,6-7). 베드로는 자신이 본 것을 확인한다. 그러나 그는 자신이 본 것을 이해하지 못한다. 반면 예수가 사랑한 제자에 관해서는 "보고 믿었다"(요한 20,8)라고 한다. 여기서 베드로는 사실을 확인하지만 그것을 이해할 줄 모르는 둔감한 사람이다. 그는 즉흥적이고 더딘 사람이다. 예수가 사랑한 제자는 그보다 빨랐다.

이는 부활한 예수가 티베리아스 호숫가에서 제자들과 재회하는 장면에서도 분명하게 드러난다. 여기서도 베드로는 무리의 대표 격으로 말한다. 그가 다른 제자들에게 "나는 고기 잡으러 가네' 하고 말하자, 그들이 '우리도 함께 가겠소' 하였다"(요한 21,3). 베드로는 적극적이다. 그는 삶을 주도한다. 그러나 제자들은 그날 밤 아무것도 잡지 못했다. 베드로가 자신의 힘만 믿고 행동할 때 어떤 성공도 거두지 못한다. 제자들이 호숫가에 서 있는 남자의 말대로 다시 호수로 나가 그물 가득 물고기를 잡았을 때, 예수가 사랑한 제자는 곧바로 알아본다. "주님이십니다"(요한 21,7). 그는 호숫가에 있는 이 이상한 사람이 부활한 예수임을 알아본다. 베드로의 반응은 그의 즉흥적인 성격을 잘 보여 준다. "주님이시라는 말을 듣자, 옷을 벗고 있던 베드로는 겉옷을 두르고 호수로 뛰어들었다"(요한 21,7). 겉옷을 두르고 호수에 뛰어들다니 잘 이해가 되지 않는다. 아마 베드로는 옷을 벗은 채 예수 앞에 나갈 엄두를 내지 못했던 듯하다. 옷이 젖더라도 입고 나아가려고 한다. 그는 아직도 진실 앞에 서서 그의 배반에 대한 책임을 지려 하지 않는다. 그러나 그의 젖은 옷은 그 자신 안에서 무엇인가 변화가 일어났고, 이는 예수의 수난이라는 정화의 물속으로 들어갔음을 표현한다. 또한 젖은 옷은 베드로의 확신에 찬 역할이 약화되었음을 가리킨다. 예수는 베드로를 있는 그대로 받아들인다. 예수가 베드로와 제자들과 함께 숯불을 피워 식사를 하는 장면에는 묘한 분위기가 감돈다. "제자들 가운데에는 '누구십니까?' 하고 감히 묻는 사람이 없었다. 그분이 주님이시라는 것을 알고 있었기 때문이다"(요한 21,12).

식사 후 예수는 베드로에게 세 번 묻는다. "요한의 아들 시몬아, 너는 이들이 나를 사랑하는 것보다 더 나를 사랑하느냐?"(요한 21,15). 베드로는 매번 자신의 사랑을 확언한다. "'예, 주님! 제가 주님을 사랑하는 줄을 주님께서 아십니다.' … 베드로는 예수님께서 세 번이나 '나를 사랑하느냐?' 하고 물으시므로 슬퍼하며 대답하였다. '주님, 주님께서는 모든 것을 아십니다. 제가 주님을 사랑하는 줄을 주님께서는 알고 계십니다.'"(요한 21,16-17). 예수가 세 번이나 묻는 것은 베드로가 예수를 세 번 배반한 것을 상기시킨다. 그러자 베드로는 자신의 사랑을 자신 있게 말할 수 없음을 깨닫는다. 이제 그는 자신의 온 진실을 예수에게 말한다. "주님, 주님은 모든 것을 아십니다. 당신은 제가 얼마나 비겁한지, 적들의 불을 쬐기 위해 제가 주님을 어떻게 배반했는지 아십니다. 변명하지 않겠습니다. 변명할 것이 없기 때문입니다. 그저 그랬을 뿐입니다. 저는 당신을 배반했습니다. 그러나 당신은 그럼에도 불구하고 제가 당신을 사랑한다는 것을, 제 영혼 밑바닥에는 너무도 자주 제 마음을 채우는 비겁함보다 더 깊이 당신을 향한 사랑이 숨어 있다는 것을 아십니다. 저는 오로지 이 사랑으로 살고 싶습니다." 베드로는 자신의 진실을 대면해야 한다. 그는 예수에게 그의 마음속 깊은 곳을 드러내 보인다. 그의 마음속에 비겁함과 배반이 자리하고 있다는 것은 그에게 아픈 일이다. 그러나 예수에게 자신의 진실을 밝힘으로써, 자신을 무가치하게 만드는 것을 멈춘다. 그는 자신이 죄가 있다고 비난하지도 않고 변명하지도 않는다. 그는 비굴하게 굴지도, 혹은 예전에 그가 때로 그랬던 것처럼 자신을 대단한 사람인 양 내세우지도 않는다. 이제 그는 비겁하지만 사랑으로 가득 찬, 두려워하지만 신뢰로 가득 찬 있는 그대로의 그이다. 그는 예수를 배반했지만 또한 신의를 지키고자 한다. 그는 이 신의를 더 이상 맹세할 수 없다. 그는 자신이 얼마나 약한지 안다. 자신의 마음속에 어떤 이기적인 동기들이 숨어 있는지, 또 예수와의 우정에 위대해지려는 자신의 욕심이 뒤섞였음을 안다. 그러나 예수가 진정한 사랑으로 스승에게 기울었던 자신의 마음을 깊이 들여다보리라는 것, 비겁함 뒤에 사랑과 신의를 갈망하고 있는 자신의 마음을 보아 주리라는 것을 믿는다. 그는 더 이상 이 사랑을 내세울 수는 없지만, 배반에도 불구하고 그 대답 안에 조금은 진심이 담겨 있다는 것, 그의 마음 밑바닥에는 진실하고 순수한 사랑이 숨어 있음을 고백한다. 그는 이제 이 사랑으로 살고자 한다. 그리하여 예수는 그에게 공동체를 맡긴다. "내 양들을 돌보아라!"(요한 21,16).

베드로는 교회의 기반인 바위다. 그런데 그 바위는 쉬이 깨질 것 같다. 이 메시지는 우리에게 위로를 준다. 우리가 베드로처럼 예수가 누구인지 깨닫는다면 우리는 다른 이들을 위한 바위가 될 수 있다. 우리의 약함과 비겁함과 배반 속에서도 다른 이들을 위한 바위가 될 수 있다. 바위 위에 우리는 설 수 있다. 우리 발밑에는 튼튼한 받침이 있다. 우리에게도 그런 토대가 되어 주는 사람이 있다. 그런 사람들 곁에서 우리는 우리 자신일 수 있는 용기를 얻는다. 그들 곁에서 우리는 굳건히 설 수 있다. 거기서는 그 무엇도 우리를 쉽게 흔들지 못한다. 그 바위에 기댈 수도 있다. 누구나 다 기대고 싶을 때가 있다. 여자들은 기댈 수 있는 남자를 갈망한다. 남편은 든든한 버팀목이 되어 주지 못하며, 남편에게서 바위는커녕 늘 물러서는 유약함만 느낄 뿐이라고 여자들은 불평한다. 바위는 폭풍우를 막아 준다. 그 그늘 속에서 우리는 안전하다고 느낀다.

내게 아버지는 믿음직한 바위였다. 내가 실제로 아버지에게 몸을 기댄 적은 없지만 늘 침착했던 아버지는 격랑 속의 바위 같았다. 쉽게 침착함을 잃지 않았고 우리가 무엇인가에 흥분할 때면 그것을 상대화했다. 그는 확고하고 분명했다. 때론 물러설 줄 알았고 자신의 견해를 끝까지 고집하지는 않았다. 아버지는 늘 자신의 견해를 분명히 말했다. 또한 우리들의 의견도 귀담아들었다. 아버지는 내게 바위는 항상 그 자리에 서 있다는 확신을 주었다. 자신의 주장을 무조건 고집할 필요가 없다는 것도 배웠다. 확신은 여유와 침착함을 선사한다. 아버지는 내게 신학적 궤변에 관여하지 말라고 하셨다. 토대가 있는 사람은 자신의 삶을 정당화하기 위한 이유를 늘어놓을 필요가 없다. 그가 거기 있으므로 거기 있다. 그는 있는 그대로의 자기 자신이다.

청년 시절에는 나이 든 수도 형제들이 깊은 영향을 주었다. 그들이 세상을 떠났을 때 나는 그들이 얼마나 소중했는지 느꼈다. 그때 나는 이제 내가 그들 자리를 대신해야 함을 알게 되었다. 쉰여덟 살이 되고도 나는 아직 나이 든 현명한 남자들에게 기대고 싶어 하긴 하지만, 이제는 나 스스로 서고 다른 이들을 위한 바위가 되어야 한다는 사명을 느낀다. 나는 바위 역할을 잘해 주지 못한다. 내가 특정한 상황에서 다른 이들을 위한 바위가 되는 것은 항상 은총의 기적 덕분이다. 여기서도 마찬가지로 바위의 원형과 나를 동일시하면 안 된다. 그러면 자만에 빠지고 겉으로만 받쳐 줄 뿐인 흔들리는 바위가 되어 버린다. 내가 베드로처럼 자신의 약함과 나의 이면을 마주할 때 그리고 그것을 겸손하게 하느님 앞에 드러낼 때 비로소 — 하느님이 원하신다면 — 다른 이들에게 확신을 주는 바위가 될 수 있다.

바위 곁에서 우리는 보호받는다. 산속에서 폭풍우가 휘몰아치면 우리는 비바람과 산사태에서 우리를 보호해 줄 바위 근처로 피한다. 햇볕이 너무 따가울 때면 바위는 그늘을 드리워 준다. 이는 어떤 원형의 모습이다. 누구나 다른 이들이 그 곁에서 쉴 수 있고 그들을 안전하게 보호해 주는 바위가 될 수 있다. 우리 스스로 자신을 바위로 만들 수는 없다. 베드로는 예수를 배반한 이후 결코 동료 제자들 앞에 나서서 자신을 바위라고 할 생각은 못했을 것이다. 그는 예수를 그렇게 비겁하게 배반했던 자신이 다른 이들이 기대고 의지하며 진정한 바위인 하느님의 보살핌을 느낄 수 있는, 그런 바위가 될 수 있음에 감사하는 마음이었을 것이다.

베드로라는 인물에게서 어떻게 남자가 되는 법을 배울 수 있을까? 베드로와의 만남에서 중요한 것은 완벽할 필요가 없다는 것이다. 완벽함이 아니라 비겁함과 두려움도 함께 가지고 하느님이 믿고 맡기신 길을 떠나려는 열정적 각오가 필요하다. 복음서가 펼쳐 보이는 베드로는 지루한 인물이 아니다. 자신을 필요로 할 때면 그리고 자신의 행동이 요구될 때면 즉시 행동하는 즉흥적인 인물이 베드로다. 베드로는 어떻게 하면 일에서 다치지 않고 빠져나올 수 있을까 궁리하고 조심스럽게 계산적으로 행동하기보다 자신이 다치는 편을 택한다. 베드로는 예수의 견해와 일치하지 않으면 자신의 마음과 감정을 드러내 보인다. 베드로는 저항을 통해 배운다. 그의 삶 모든 굴곡을 통해 내가 만난 한 남자는 모든 일에서 마음을 숨기지 못하고 행동으로 드러내는 사람이다. 이 마음은 내 안에도 있는 동경, 사랑, 비겁함, 두려움, 불신, 배신 같은 모든 심연을 알고 있다. 숨어 버리면 남자가 될 수 없다. 비판받을 위험을 감수하고, 공공연한 실수로 도덕주의자들의 공분을 사는 위험을 감수하면서도 있는 그대로의 나를 투신할 때 남자가 될 수 있다. 베드로는 상처받을 위험을 감수한다. 그는 자신이 느끼는 바를 위해 싸운다. 숨는 대신 자신을 드러내 보이는 것, 손을 빼기보다 차라리 손가락을 데는 것, 다치지 않으려고 마음을 닫기보다 마음을 여는 것, 이것이 내게는 남자가 되기 위한 본질 중 하나다. 삶을 피하는 남자는 진정한 남성성을 희화해 버린다. 쉽게 성공을 거둘지는 몰라도 결코 남자는 되지 못한다.

바오로 | 선교사

루카는 어떤 복음서 저자보다 바오로의 이미지를 분명하게 그렸다. 바오로의 글에는 그의 신학뿐 아니라 그의 성품도 드러난다. 바오로는 그리스 문화와 다양한 종교들이 모여 있던 타르수스에서 자랐다. 바오로는 그리스철학과 수사학을 배웠다. 어렸을 때 예루살렘의 가말리엘 문하에 들어갔다. 그리스어, 히브리어, 라틴어를 알았고 중도적 경향의 바리사이파 사람이었다. 바오로가 바리사이파의 이론을 학습하던 곳은 일종의 기숙사로 추측된다. 바오로는 율법을 열렬히 신봉하는 사람이었다. 그는 자신에 대해 "유다교를 신봉하는 일에서도 동족인 내 또래의 많은 사람보다 앞서 있었고, 내 조상들의 전통을 지키는 일에도 훨씬 더 열심이었습니다"(갈라 1,14)라고 말한다. 심리학적으로 볼 때 바오로는 강박관념에 시달렸다. 그는 의지할 분명한 규범이 필요했다. 다문화 사회에서 자란 그에게는 상대성에 매몰되지 않기 위해 어떤 확고한 원칙이 중요했을 것이다. 젊은 바오로는 그리스도교가 전파되는 새로운 길에서 헬라계 유다인 스테파노를 만난다. 스테파노는 율법에서의 자유를 설파했다. 스테파노는 예수에게서 발견한 자유에 매혹됐다. 바오로는 이 경향을 철저히 박해했다. 분명 이 설교의 무언가가 그의 마음을 움직였을 것이다. 그렇지 않고서야 바오로가 초대교회를 그토록 가혹하게 박해할 이유가 없다. 그 후 그의 삶을 완전히 뒤바꿔 놓은 사건이 일어난다.

루카는 바오로의 회심에 관한 이야기를 세 번이나 들려준다. 먼저 다마스쿠스로 가는 길에 일어난 사건을 서술한다. 두 번째로 바오로 스스로 유다 동족에게 자신의 회심에 대해 이야기하는 장면(사도 21,1-21 참조)이 있다. 세 번째는 바오로가 아그리파스 임금과 로마 총독 페스투스 앞에서 변론하는 장면이다(사도 26 참조). 루카는 사울이 다마스쿠스로 가는 길에서 어떤 밝은 빛에 휩싸이는 장면을 묘사한다. "그는 땅에 엎어졌다. 그리고 '사울아, 사울아, 왜 나를 박해하느냐?' 하고 자기에게 말하는 소리를 들었다"(사도 9,4). 그에게 말을 거는 사람이 누구냐고 사울이 묻자 예수는 말한다. "나는 네가 박해하는 예수다"(사도 9,5). "사울은 땅에서 일어나 눈을 떴으나 아무것도 볼 수가 없었다"(사도 9,8). 그는 눈이 멀었다. 사울의 삶은 무너졌다. 그는 바닥에 쓰러졌다. 하느님과 자신, 자신의 삶을 보는 그의 눈은 캄캄해졌다. 한 수도자는 이 체험을 이렇게 해석한다. "바오로가 아무것도 보지 못하게 되었을 때 하느님을 보았다." 그에게 모든 하느님상이 사라졌을 때 진정한 하느님을 볼 수 있는 눈이 열렸다. 암흑 속에서 예수 그리스도의 하느님이 나타났다. 바오로는 이제 초대교회의 위대한 전파자가 된다. 그가 그토록 박해했던 것을 이제 열정적으로 전파한다. 그는 자유의 사도가 된다. 스스로를 속여 왔다는 것과 아무리 율법을 지켜도 그것이 하느님을 더 잘 알게 해 주지 않는다는 것을 깨달았다. 예수를 통해 하느님의 신비가 드러난다. 예수에게서 발하는 하느님의 빛을 볼 수 있는 진정한 진실을 향한 눈이 열린다. 그러나 그는 회심 후에도 쉽게 변하지 않는다. 격정적 성격, 원칙만 고집하는 공격성, 강박관념은 여전히 남았다. 그러나 이제 그 불같은 성정을 예전과는 다르게 이용한다. 그의 성정이 삶을 숨막히게 하는 것이 아니라 삶을 끌어내는 데 이용된다. 전에 그리스도인들에게 맞서 격렬하게 싸웠던 것처럼 이제 복음을 왜곡하는 자들과 맞서 싸운다. 갈라티아 신자들에게 보낸 서간에서 적들을 맹렬히 공격한다. "여러분을 선동하는 자들은 차라리 스스로 거세라도 하면 좋겠습니다"(갈라 5,12).

바오로는 매우 설득력 있는 글을 썼다. 그의 글에는 힘이 넘치고 열정이 가득 차 있다. 분명하고 암시성 있는 감동적인 글을 썼다. 그러나 대중 앞에서 연설할 때는 그리 훌륭하지 못했던 것 같다. 그의 이름 '바오로'는 '조그만 사람'을 뜻한다. 바오로는 작은 체구에 곱사등이였다. 게다가 특이한 병을 앓았다. 하인리히 슐리어Heinrich Schlier는 바오로가 간질병을 앓았다고 한다. 바오로는 갈라티아인들에게 자신의 병에 대해 이렇게 쓰고 있다. "여러분도 알다시피, 나는 육신의 병이 계기가 되어 여러분에게 처음으로 복음을 전하게 되었습니다. 그때에 내 육신의 상태가 여러분에게는 하나의 시련이었지만, 여러분은 나를 업신여기지도 않았고 역겨워하지도 않았습니다. 오히려 나를 주님의 천사처럼, 그리스도 예수님처럼 받아들였습니다"(갈라 4,13). 원전의 글자 그대로는 "내게 침을 뱉지 않았습니다"이다. 침을 뱉는 것은 정신병이나 광증 그리고 간질병을 쫓는 행위였다. 간질병 때문에 바오로는 분명 고통스러웠을 것이다. 이 병은 선교하러 다니면서 돌에 맞거나 매질을 많이 당해서 생겼는지도 모른다. 이 병을 어떻게 해석하건, 확실한 것은 바오로는 흔들림 없는 자기 확신에 찬 사람은 아니었고 오히려 자신에 대해 괴로워하고 있었다는 것이다. 그는 하느님께 고통에서 벗어나게 해 달라고 기도했다. 바오로는 사탄의 하수인에게 당해 병이 생겼다고 생각한다. "나는 그것이 나에게서 떠나게 해 주십사고 주님께 세 번이나 청하였습니다. 그러나 주님께서는, '너는 내 은총을 넉넉히 받았다. 나의 힘은 약한 데에서 완전히 드러난다' 하고 말씀하셨습니다"(2코린 12,8-9).

바오로가 예수와의 만남을 통해 얻은 깨달음은 우리가 예수를 통해 이미 의로워졌다는 것이다. 그래서 더 이상 그 많은 율법을 지키면서 우리를 정당화할 필요가 없다. 우리는 이미 올바르다. 무조건 받아들여지고 사랑받고 있다. 우리는 더 이상 자신을 증명하지 않아도 된다. 바오로에게 예수의 십자가는 엄격하게 율법을 지키는 것으로만 하느님의 사랑을 얻을 수 있다고 믿었던 자신의 기준과 영적인 길이 좌절됨을 의미한다. 예수의 십자가를 통해 그는 올바른 삶을 위한 필사적인 노력에서, 사랑과 인정을 받으려고 안간힘을 쓰는 것에서 해방되었다. 십자가는 조건 없는 사랑의 체험이다. 하느님은 있는 그대로 우리를 받아들였다. 바오로는 그것을 예수의 십자가에서 깨달았다. 그래서 그는 삶 전체를 바꿔 버린 그 깨달음을 위해 열정적으로 싸운다. 강박과 잘못하면 어쩌나 하는 두려움에서 해방되었다.

바오로는 당시 헬레니즘 문화의 언어로, 넓은 로마제국의 다양한 계층에게 쉽고 매력적으로 복음을 전파했다. 그러나 단순한 신학자가 아니었다. 그는 자기 안에서 예수를 체험한 신비주의자였다. "나는 그리스도와 함께 십자가에 못 박혔습니다. 이제는 내가 사는 것이 아니라 그리스도께서 내 안에 사시는 것입니다. 내가 지금 육신 안에서 사는 것은, 나를 사랑하시고 나를 위하여 당신 자신을 바치신 하느님의 아드님에 대한 믿음으로 사는 것입니다"(갈라 2,19-20). 예수의 십자가는 하느님 앞에서 완벽하려고 끊임없이 노력하는 자신의 모습을 버리게 했다. 이제 그런 것은 더 이상 중요하지 않다. 결정적인 것은 예수 그리스도가 그를 무조건 사랑한다는 것이다. 십자가에서 이러한 조건 없는 사랑이 계시되었다. 이제 관건은 예수가 그 안에 산다는 것이다. 바오로는 예수에게서 새로운 정체성을 찾았다. 그는 자기 자신을 더 이상 사람들의 인정과 관심으로부터 규정하지 않고 예수로부터 규정한다. 예수가 자신 안에 있음으로써 진정한 자신이 되었다. 이 사도는 예수를 자신의 가장 내밀한 중심에서 체험했다. 그는 예수와 하나가 되었다.

어떤 외적 투쟁보다 내면의 투쟁은 남자가 자기 자신이 되는 길에 대한 훌륭한 비유다. 바오로는 세상을 멀리한 신비주의자가 아니다. 그는 이 세상 속으로 들어갔고 전 세계를 여행했다. 성서학자들은 그가 걷거나 배를 타고 여행한 거리가 약 1만 6천 킬로미터라고 본다. 그는 사람들을 만났다. 그는 싸웠고, 대결을 피하지 않았다. 그는 자주 감옥에 갇히거나 추방당했다. 평온한 삶은 결코 아니었다. 자신의 내외적인 위험에 대해 그 스스로는 이렇게 서술한다. "나는 수고도 더 많이 하였고 옥살이도 더 많이 하였으며, 매질도 더 지독하게 당하였고 죽을 고비도 자주 넘겼습니다. 마흔에서 하나를 뺀 매를 유다인들에게 다섯 차례나 맞았습니다. 그리고 채찍으로 맞은 것이 세 번, 돌질을 당한 것이 한 번, 파선을 당한 것이 세 번입니다. 밤낮 하루를 꼬박 깊은 바다에서 떠다니기도 하였습니다. 자주 여행하는 동안에 늘 강물의 위험, 강도의 위험, 동족에게서 오는 위험, 이민족에게서 오는 위험, 고을에서 겪는 위험, 광야에서 겪는 위험, 바다에서 겪는 위험, 거짓 형제들 사이에서 겪는 위험이 뒤따랐습니다"(2코린 11,23-26). 바오로는 투쟁과 명상, 신비주의와 정치를 결합했다. 그는 초대교회를 위해 헌신할 때 맞닥뜨린 위험을 남자답게 맞섰다. 그는 아무 두려움 없이 목숨을 잃을지도 모를 상황 속으로 뛰어들었다. 그 모든 상황 속에 그는 자기 중심에 있었고 항상 '자기 안의 그리스도'와 만나고 있었다. 이 그리스도가 삶의 원동력이었다. 그리스도가 그의 마음속에 있었다. 이 중심에서 그는 밖으로 나갔다. 이 내적 원천에서 그는 힘을 퍼올렸다.

바오로는 커다란 소명 의식에 이끌려 전 세계를 여행하고 그러면서 수많은 위험을 무릅쓰는 선교사의 전형이다. 선교사란 소명을 받았다고 믿는 사람이다. 그들은 자신의 삶을 결정한 복음을 남들도 믿게 하려고 설득의 능력을 갖춘다. 그리고 자신의 소명을 다하기 위해 어떤 위험도 두려워하지 않는다. 때로 그들 안에는 무한한 힘의 원천이 있는 것처럼 보인다. 그러나 이 원형도 위험을 안고 있다. 어떤 사람이 내게 선교적 소명 의식을 발휘해 말할 때면 나는 거북해진다. 전 세계를 회심시켜야 한다고 생각하는 사람들이 있다. 좀 더 살펴보면 그들에게 선교 본능이 없다면 그들은 아무것도 아니지 않나 하는 인상을 받는다. 그들은 자신 안에 머물러 있지 못한다. 오직 선교적 소명을 통해서만 자신을 규정한다. 자신의 불안과 신앙의 회의를 사람들을 회심시키는 것으로 감추려 하는 건 아닌가 하는 생각도 든다. 그들의 열의 뒤에는 자신의 신앙이 신기루일지도 모른다는 불안이 숨어 있다. 이 불안을 피하려고 그들은 만나는 모든 사람에게 자신이 걷는 길을 같이 가자고 한다. 전형적인 선교사는 다른 이의 의견을 인정하지 않는다. 그는 내가 어떻게 믿어야 하는지, 어떤 프로그램에 참여해야 하는지, 내가 반드시 해야 할 명상법은 무엇인지, 내가 어떤 생활을 해야 하는지까지 시시콜콜 모든 것을 설명해 주려 한다. 그들의 전언을 거부하면 그들에게 괜히 빚진 것 같다. 그들에게 거리를 두고 나의 느낌을 신뢰하는 일은 결코 쉽지 않다.

이 원형이 아무리 위험하다 해도 이 선교사적 성향은 우리에게, 바로 남자에게 속한다. 남자들은 그들의 삶에 어떤 소명을 필요로 한다. 남자들은 그저 평온하게 살면서 자신의 느낌이 옳은지, 그것을 잘 다루고 있는지 등에 대해 자신의 느낌만 관찰하는 일에 안주해서는 안 된다. 오늘날 권장되는 영적인 길은 자아도취적 성향이 있는데 이는 항상 자신의 주위만 맴돌게 한다. 선교사의 원형이 말하는 바는 바로 이것이다. "당신 삶에는 어떤 소명이 있다. 당신은 사람들에게 당신이 전하고자 하는 바를 강요해서는 안 된다. 당신의 소명은 당신이 다른 이들에게 믿게 하려는 그 말이 전부가 아니다. 당신의 소명은 당신만의 고유한 흔적을 이 세상에 새겨 넣는 데 있다. 당신에게는 당신만의 고유한 분위기가 있음을 상기하라. 당신이 소명의 삶을 살면 삶이 당신 안에서 흘러넘쳐 삶은 풍요로워지고 생동감을 느낄 것이다. 삶이란 흐를 때만 살아 있다. 소명은 본질적으로 당신에게 속한다." 남자들이야말로 이것을 본능적으로 느낀다. 그들은 자주 선교적 소명 의식에 이끌려 행동할 수 있는 힘을 얻는다. 그들이 위대한 선교사 바오로를 거울삼아 자신들을 본다면 선교사 원형이 갖는 위험에서 벗어날 것이며, 삶을 풍요롭게 하고 다른 이들에게는 축복의 원천이 될 것이다. 또한 하느님이 자신에게 부여한 소명을 향해 열리게 될 것이다.

바오로를 통해 본 남자가 된다는 것은, 우선 나 자신의 소명과 접촉하는 것이다. 바오로의 매력은 그의 외모가 남자의 전형적인 모습에는 맞지 않는다는 점이다. 그는 작고 곱사등에다 병까지 있었다. 그는 '남자' 하면 떠올리곤 하는 '멋진 몸'을 가진 남자는 아니었다. 외모는 매력적이지 않았다. 그러나 그에게는 불가사의한 힘과 끈기가 있었다. 아마 오늘날 심리학자들은 바오로를 노이로제에 걸린 성격 이상자나, 심하게 예민하고 강박관념에 시달린 사람으로 진단할 것이다. 그러나 이러한 것들이 바오로가 그의 소명을 행하는 것을 막지 못했다. 바오로는 자기 자신 때문에 괴로워했다. 그렇다고 자기 연민에 빠지지는 않았다. 그는 있는 그대로의 자신을 받아들였다. 그는 어떤 이상, 전형적인 지도자 또는 전형적인 선교사라는 이상도 충족시키지 못했다. 그는 있는 그대로의 자기 자신과 볼품없는 외모 그대로 자신의 소명을 완수했다. 그는 저잣거리로 나갔다. 그의 병과 육체적 결함을 있는 그대로 드러내 보였다. 바로 그렇게 함으로써 그는 자기 자신으로부터 최대한을 끌어냈다. 그는 육체적인 면에서 그보다 훨씬 남자다웠을 그 어떤 사도보다 더 많은 것을 이룩했다.

바오로는 육체의 약점을 정신의 힘으로 변화시켰다. 그에게서는 그 누구도 저항할 수 없는 열정과 힘이 뿜어져 나온다. 당시에도 그랬고 이천 년이 지난 오늘날에도 그렇다. 바오로를 바라보는 시선은 엇갈린다. 어떤 이들은 그에게 매료되지만 어떤 이들은 거부한다. 바오로는 자신이 겪은 인생을 다른 이들에게 도움이 되도록 했다. 그는 회심한 사람이다. 자신의 광신주의가 잘못된 것임을 깨달았을 때 돌아섰다. 그는 자신이 평생 쌓아 올린 것을 다 무너뜨리고 밑바닥에서 다시 시작했다. 그는 하느님이 그에게 준 힘을 믿었다. 그는 정말 강인한 사람이었다. 초주검이 되어도 다시 일어났고 계속 길을 걸어갔다. 감옥에 갇히고 돌을 맞고 매질을 당해도 굴하지 않고 선교의 길을 끝까지 걸어갔다. 사람들에게 비웃음을 당하던 그는, 어떤 현명한 자들도 해내지 못한 성공을 이루어 냈다. 바오로는 있는 그대로 자신의 모든 것을 가지고 자기 안에서 들리는 소리에 응답했다.

내게 남자가 된다는 것은, 남자의 이상을 실현하는 것이 아니다. 있는 그대로의 나로서 하느님이 내게 주신 것으로 내 안에서 들리는 소리에 응답하는 것이다. 그리하여 그 끝까지 걸어가 내 안에 얼마나 많은 힘이 숨어 있는지 발견하는 것을 의미한다. 외적으로 너무 많은 일을 하고 있는 건 아닌가 하는 두려움을 갖는 남자들을 자주 본다. 자신을 확실히 한다면서 앞으로는 나아가지 못한다. 그들은 자신 안에 얼마나 많은 힘이 숨어 있는지 깨닫지 못한다. 바오로는 내게 다른 길을 제시해 준다. 자신의 한계를 넘으려고 할 때면 하느님이 도와준다. 하느님은 내가 힘을 얻을 수 있는 원천이다. 하느님 앞에서 너무 작은 존재라고 생각하지 않아도 된다. 그러면 나 스스로를 하찮게 여기지 않게 된다. 나는 내 약점과 한계를 알고 있다. 약점만 붙들고 거기서 맴돌지 말고 나를 이끄는 하느님과 함께 한계를 넘으면 생각했던 것보다 훨씬 더 멀리 나아갈 수 있다.

바오로는 오늘날 이상적인 남성상에 부합하지 않는 남자들에게 내가 다른 남자들과 다를 바가 없다는 확신을 준다. 몸이 건강하고 힘이 센 것만 중요한 것은 아니다. 겉보기에 약해 보이는 남자들도 때로는 건강한 사람보다 더 많은 에너지를 발산한다. 그 무엇에도 굴하지 않고 자신의 목표를 추구했던 수많은 학자를 우리는 알고 있다.

바오로는 독신이었다. 내 주위에는 독신 생활을 잘해 나가는 남자가 많다. 물론 혼자임에 괴로워하는 사람도 있다. 그들은 여자를 갈망하고 있지만 여자에게 거절당할까 봐 두려워 다가갈 엄두를 내지 못한다. 그들은 여전히 자신의 외모에 만족하지 못한다. 스스로 자신의 몸을 사랑하지 않기 때문에 여자가 자신의 몸을 사랑하리라고는 믿지 못한다. 그들은 점점 더 혼자 있으려고 한다. 바오로는 사람들을 즐겨 만났다. 그는 사람들에게 다가갔다. 독신이면서도 투쟁과 사랑이라는 양극을 체험하며 살았다. 그는 그리스도가 우리에게 준 자유를 위해 싸웠다. 그는 사람들을 사랑했고 예수를 사랑했다. 그리스도와의 관계를 말할 때 그의 언어는 에로틱한 색채를 띤다. 우리는 바오로가 반쪽이 아니라 온전한 한 남자였으며 선교사의 소명을 받은 사람들을 위해 투쟁했음을 안다. 사람들을 사랑했기 때문에 그들을 진정한 삶으로, 진정한 자유로 이끌어 줄 복음을 전하고자 했다. 그는 모든 열정을 다해 그들을 위해 헌신했고 그의 투쟁 속에서, 외적으로 훨씬 강했던 다른 남자들보다 더 많은 것을 이룩해 냈다.

세례자 요한 | 야성의 남자

세례자 요한은 야성의 남자다. 그의 모습만 봐도 사람들은 겁을 먹곤 했다. 마르코는 그를 이렇게 묘사한다. "요한은 낙타 털 옷을 입고 허리에 가죽 띠를 둘렀으며, 메뚜기와 들 꿀을 먹고 살았다"(마르 1,6). 그는 모든 문명을 등지고 베두인 족처럼 광야에서 산다. 가죽 허리띠는 예언자 엘리야를 연상케 한다. 세례자 요한은 광야에서 야생 동물과 함께 살면서 낙타 털 옷을 입고 있다. 몇몇 필사본에서는 그의 옷이 낙타 가죽으로 만든 것이라고 전한다. 그렇다면 이는 유다인들의 정결 율법에 위배되는 것이다. 요한은 외적 율법을 준수하면서 당시 문화를 대표하는 부류와 결별한 사람이었다. 낙타 가죽은 그가 자신 안의 동물적 성향, 즉 힘과 성과 본능적 충동을 통합했음을 보여 준다. 요한은 자신 안의 그리고 자신 주위의 모든 야성적인 것에 이르는 통로를 가지고 있던 야성의 남자다. 야성은 그에게 하느님의 메시지를 사람들에게 선포하고 그들에게 회개하라고 외치기 위한 힘의 원천이 된다.

요한의 설교는 그의 모습과 걸맞는다. 듣는 사람들의 예민함을 전혀 고려하지 않는 거친 설교였다. 그는 사람들 사이에 명망 있던 바리사이들을 이렇게 공격한다. "독사의 자식들아, 다가오는 진노를 피하라고 누가 너희에게 일러 주더냐? 회개에 합당한 열매를 맺어라. 그리고 '우리는 아브라함을 조상으로 모시고 있다'고 말할 생각일랑 하지 마라"(마태 3,7-9). 남들 마음에 드는 것은 요한에게 중요하지 않다. 그는 자신이 느끼는 대로 말하고 다른 사람들에게 얽매이지 않고 행동한다. 그는 자신이 하느님에게 봉사하고 있음을 안다. 그는 내적으로 자유롭다. 이런 자유로움으로 인해 헤로데 왕이 동생 필리포스의 아내 헤로디아와 결혼했다고 왕마저 공격하고 비난했다. 헤로데는 그를 감옥에 가둔다. "헤로디아는 요한에게 앙심을 품고 그를 죽이려고 하였으나 뜻을 이루지 못하였다. 헤로데가 요한을 의롭고 거룩한 사람으로 알고 그를 두려워하며 보호해 주었을 뿐만 아니라, 그의 말을 들을 때에 몹시 당황해하면서도 기꺼이 듣곤 하였기 때문이다"(마르 6,20). 왕조차도 이 야성의 남자 앞에서 두려움을 느낀다. 그러는 동시에 그에게 끌린다. 자신에게는 없는 힘과 자유를 느낀다. 왕은 요한이 의롭고 성스러운 사람이라는 것을 안다. 요한은 올곧고 솔직하며 다른 사람 앞에서 두려움이 없다. 자신의 주장을 굽히는 법이 없다. 거룩해서 마음대로 부릴 수도 없다. 그는 보통 사람들의 범주에서 벗어나 있다. 그를 지배할 수 없다. 요한 안에는 다른 힘, 성스러운 힘이 있다. 헤로데는 요한과 이야기하기를 즐기지만 그러면서 '몹시 당황해한다'. 헤로데는 그에게서 진실된 무엇을 느낀다. 이 사람의 말을 듣는 것이 좋으리라는 것을 예감한다. 그러나 그는 자신의 삶을 변화시켜야 하고 왕좌를 내놓고 자신의 진실과 대면해야 하는 것이 두렵다. 야성의 남자는 겁먹지 않는다. 그는 모든 이로 하여금 자신의 마음을 살피도록 한다. 자신 안에서 야성과 자유, 힘과 올곧음을 인식하도록 한다.

마태오 복음을 보면 예수가 요한을 두고 한 말씀이 있다. 요한은 예수가 이스라엘의 경건한 이들이 기다려 왔던 바로 그 사람인지 물으려고 사자를 보냈다. "너희는 무엇을 구경하러 광야에 나갔더냐? 바람에 흔들리는 갈대냐? 아니라면 무엇을 보러 나갔더냐? 고운 옷을 입은 사람이냐? 고운 옷을 걸친 자들은 왕궁에 있다. 아니라면 무엇을 보러 나갔더냐? 예언자냐? 그렇다. 내가 너희에게 말한다. 예언자보다 더 중요한 인물이다. 그는 성경에 이렇게 기록되어 있는 사람이다. '보라, 내가 네 앞에 나의 사자를 보낸다. 그가 네 앞에서 너의 길을 닦아 놓으리라.' 내가 진실로 너희에게 말한다. 여자에게서 태어난 이들 가운데 세례자 요한보다 더 큰 인물은 나오지 않았다"(마태 11,7-11). 여기서 예수는 요한을 아주 잘 그리고 있다. 요한은 갈대처럼 흔들리지 않고 자신을 지킨다. 그는 다른 사람들의 견해에 의존하지 않는다. 그는 바람에 이리저리 휩쓸리는 기회주의자가 아니다. 그는 옷차림에 신경 쓰지 않는다. 여기서 예수는 그 반대 이미지로 화려하게 입고 사람들 앞에 나타나기를 즐겼던 헤로데를 염두에 두고 있다. 헤로데의 이미지는 야성적인 남자와는 상반된다. 헤로데는 대단히 사치스러운 생활을 하면서 여성화되었다. 그는 잔인하다. 그는 자신의 모든 적들을 교활하게 살해한다. 그토록 권세 있어 보이는 이 남자는 실제로는 여자에게 의존한다. 이는 살로메에게 왕국의 반을 약속하는 장면에서 드러난다. 헤로데는 요한을 죽이라는 살로메와 그녀 어머니의 꼬임에 넘어가 자기 마음의 소리를 무시한다. 요한은 내적으로 숨김없이 분명하고, 외적으로는 야성적이고 힘이 넘친다. 또한 부드럽고 선한 마음을 지녔다. 요한은 사람들에게 상처를 주는 것이 아니라 그들을 일으켜 세운다. 요한은 그 누구도 두려워하지 않는다. 그는 자신이 생각하는 바를 말한다.

요한은 내적으로 정돈되어 있기에 외모에 큰 가치를 두지 않는다. 그는 가면이 필요 없다. 그는 있는 그대로의 그이다. 요한의 임무는 예수 앞에 길을 닦아 놓는 것이다. 이것이 예수와의 관계에서 요한의 역사적 사명이다. 이는 줄곧

제기되는 심리학적 과제이기도 하다. 야성의 남자는 우리 안의 진정한 자신을 발견하기 위한 길을 닦는다. 그는 진정한 자아를 왜곡하는 역할과 가면에서 우리를 해방시킨다. 겉으로 잘 보이기 위해 스스로 쌓아 놓은 벽을 허문다. 우리의 왜곡되지 않은 중심과 '우리 안의 그리스도'로 향하는 중심을 찾을 수 있도록 모든 외부적인 것을 부숴 버린다.

요한은 리처드 로어가 늘 언급하는 야성의 남자를 구현하고 있다. 로버트 블라이도 동화 「무쇠 한스」Eisenhans를 해석하면서 이 야성의 남자를 이야기한다. 무쇠 한스는 늪에서 산다. 그는 늪가에 접근하는 사람을 삼켜 버린다. 그러나 파괴적으로 보이는 무쇠 한스 안에는 삶에 이바지하는 강한 힘이 숨어 있다. 무쇠 한스는 소년들로 하여금 어머니의 권역을 벗어나 자신만의 삶을 시작하도록 한다. 소년은 무쇠 한스와 함께 늪으로 들어간다. 이 야성의 남자는 소년이 과제를 해결하지 못하자 소년을 세상으로 보낸다. 소년은 어느 성으로 가 주방 일과 정원사 노릇을 하며 지낸다. 왕이 전쟁에 나가게 되자 소년은 무쇠 한스에게 도움을 청한다. 그는 소년에게 날랜 말 한 필과 노련한 기병대를 보내 승리를 거두게 한다. 무쇠 한스는 소년을 남자로 이끈다. 소년은 전사가 되고 연인이 된다. 공주는 그녀의 황금 사과를 받는 사람을 남편으로 맞이하겠다고 한다. 소년이 사과를 받고 공주와 결혼한다. 그의 부모도 결혼식에 참석한다. 결혼식에서 무쇠 한스는 부유한 왕의 모습으로 나타난다. 소년이 남자가 되는 과제를 해냈기 때문에 무쇠 한스는 야성의 마법에서 풀려난다.

로버트 블라이는 이 동화에서 남자가 되는 통과의례를 본다. 통과의례는 보통 다섯 단계를 거친다. 첫째, 어머니와의 이별. 둘째, 아버지에게 기댔다가 결국 헤어짐. 셋째, 자신만의 위대함과 능력을 만나게 도와주는 후원자를 만남. 넷째, 견습 기간. 이때 소년은 한 원형 안에 있는 에너지 원천에서 힘을 얻는다. 다섯째, 공주와 결혼.

야성의 남자는 소년을 부모에게서 독립시켜 자신 안에 잠재한 가능성으로 향한 길을 드러내 보여 준다. 야성의 남자는 소년이 마실 수 있는 힘의 원천과도 같다. 진정한 사랑의 기술, 여자와의 결합, 아니마와 결합하는 기술을 전수해 준다. 소년은 자신의 공격성에 머물지 않고 사랑할 수 있는 능력을 갖출 때 비로소 진정한 남자가 된다. 야성의 남자가 자아 실현의 종착역은 아니다. 거쳐 가야 하는 중요한 길이자 소년에게 남자가 되는 비법을 전수하는 스승이다. 진정한 남자가 되기 위해서 건너뛰어서는 안 될 원형이다. 야성의 남자는 소년에게 삶과 사랑의 비법을 터득하게 해 준다. 동화의 마지막에 그는 야성의 모습이 아니라 멋진 왕으로 나타나 왕자가 된 소년의 결혼식에 참석한다.

세례자 요한은 남자에게 야성과 고집, 비타협성, 권력에 순응하지 않고 저항하는 힘을 가르쳐 준다. 요한은 무엇이 본질인가에 대해 본능적으로 알고 있었다. 그는 적절하든 그렇지 않든 본질을 위해 싸운다. 예의라고 옭아매 놓는 외부의 목소리보다 자신 안의 목소리를 믿는다. 그는 위험을 피하지 않는다. 그는 남성적 영성의 본질적인 한 측면을 구현하고 있다. 그에게서는 힘이 나온다. 세례자 요한의 남성 에너지는 남자들이 자신만의 고유한 정체성을 찾도록 도와줄 것이다. 남자들은 요한이 자신들에게 말을 걸어온다는 느낌을 받는다. 그때 그들 영혼의 한 현, 야성의 힘찬 현이 반응해 떨리게 될 것이다. 자유를 향한 동경, 주위의 기대에서 벗어나 영혼이 원하는 대로 행하고자 하는 갈망을 불러일으킬 것이다. 요한은 메시아의 출현을 알리는 선구자로 남는다. 요한은 자신을 넘어 통합한 남자, 완전한 남자를 향한 동경을 불러일으키는 기름부음 받은 자다.

요한 | 친구요 현자

공관복음서 저자들은 요한을 야곱의 형제이며 제베대오의 아들이라고 말한다. 이 둘은 천둥의 아들이라 불린다. 그들은 매우 적극적이었고 하느님 나라의 으뜸 자리가 문제될 때 그리 겸손하지 않았다. "스승님께서 영광을 받으실 때에 저희를 하나는 스승님 오른쪽에, 하나는 왼쪽에 앉게 해 주십시오"(마르 10,37). 다른 제자들은 가장 높은 자리를 요구하는 이 둘을 불쾌하게 여긴다. 예수가 이 두 제자에게 "내가 마시는 잔을 너희가 마실 수 있으며, 내가 받는 세례를 너희가 받을 수 있느냐?"(마르 10,38) 하고 묻자, 그들은 "할 수 있습니다" 하고 대답한다. 그들은 자신감에 넘친다. 그들은 예수가 걸어갈 수난의 길을 똑같이 갈 것이며 죽음도 두려워하지 않으리라고 감히 말한다.

고대 교회 전통에 따르면 요한 복음의 저자는 제베대오의 아들 요한으로 여겨진다. 이 복음은 예수가 사랑한 제자에 대해 들려준다. 예수가 사랑한 그 제자의 이름을 밝히지는 않지만 전통적으로 요한이라고 보고 있다. 논쟁 중이긴 하지만 나는 영적 전통에 따라 요한을 예수의 총애를 받던 그 제자라고 보겠다. 적어도 이 제자가 요한 복음의 저자인 것은 분명한 듯하다. 그렇다면 우리는 복음과 요한의 서간을 통해 이 제자가 어떻게 생각하고 느꼈는지 추론할 수 있다. 그는 예수가 사랑한 제자일 뿐 아니라 자신도 항상 사랑에 대해 쓰고 있다.

성서학자들은 예수가 사랑한 제자를 예수가 맨 처음 제자로 삼았던 세례자 요한의 두 제자 중 한 명으로 보고 있다. 세례자 요한은 제자들더러 예수를 따라가라고 한다. 예수는 두 제자에게 묻는다. "예수님께서 돌아서시어 그들이 따라오는 것을 보시고, '무엇을 찾느냐?' 하고 물으시자, 그들이 '라삐, 어디에 묵고 계십니까?' 하고 말하였다. '라삐'는 번역하면 '스승님'이라는 말이다. 예수님께서 그들에게 '와서 보아라' 하시니, 그들이 함께 가 예수님께서 묵으시는 곳을 보고 그날 그분과 함께 묵었다. 때는 오후 네 시쯤이었다"(요한 1,38). 그들이 제자로 부름받은 이 이야기의 모든 구절은 의미심장하다. 두 제자는 단지 예수의 집을 묻는 것이 아니다. 예수의 진정한 집을 묻고 있다. 그 집은 그의 아버지다.

"어디에서 왔는가, 어디에 살고 있는가, 어디가 집인가, 너는 누구인가?" 이 질문이 요한 복음 전체의 핵심이다. 이 질문에 답하지 않고서는 그 누구도 진정한 자기에 도달할 수 없다. 예수는 제자들에게 "와서 보아라" 하고 말한다. 예수는 그들에게 진정으로 보는 법을 가르치려 했다. 사물의 배후를 꿰뚫어 볼 줄 알아야 한다는 말이다. 그들은 사물의 근원과 본질을 보아야 한다. 그러기 위해서는 이제껏 그들이 부여잡고 있던 모든 것에서 떠나야 한다. 그들은 자신을 떠나 예수에게로 와야 한다. 예수가 어디에 살고, 어디에서 왔는지 알게 되면 그들은 예수의 본질뿐 아니라 인간의 신비와 하느님의 신비도 보게 된다. 예수를 봄으로써 그들은 예수가 하느님에게서 왔으며 하느님의 집에서 함께 사는 분이라는 것을 알게 된다. 또 예수를 봄으로써 자신이 누구인지 깨닫고 자신 안에 있는 신적 근원을 찾는다. 그들은 예수와 함께 머무른다. "때는 오후 네 시(제10시)쯤이었다." 십은 완전함을 뜻하는 숫자다. 예수와 함께 머무르면서 자기 자신에 도달하고 그들 안의 모든 다양한 것이 하나로 합쳐진다. 그리하여 그들은 자신의 진정한 본질과 일치를 이룬다. 예수가 사랑한 제자는 이 복음 전체에서 '보는 자', 더 깊이 보는 자, 예수의 신비를 깨닫는 사람으로 묘사되고 있다.

그 제자는 예수의 수난과 부활에 중요한 역할을 한다. 최후의 만찬 때 그에 관해 다음과 같이 쓰여 있다. "제자 가운데 한 사람이 예수님 품에 기대어 앉아 있었는데, 그는 예수님께서 사랑하시는 제자였다"(요한 13,23). 누군가 자신을 배신할 것이라고 예수가 말한 뒤였다. 제자들은 어쩔 줄 몰라 한다. 그러자 "시몬 베드로가 그에게 고갯짓을 하여, 예수님께서 말씀하시는 사람이 누구인지 여쭈어 보게 하였다. 그 제자가 예수님께 더 다가가, '주님, 그가 누구입니까?' 하고 물었다"(요한 13,24). 중세 화가들은 이 장면에서 영감을 얻어 '요한의 사랑'에 대한 그림을 많이 남겼다. 요한은 예수의 가슴에 기대거나 예수의 품에 머리를 묻고 있는 모습으로 그려진다. 이는 두 사람의 진실한 사랑을 담은 그림이고 두 남자의 친밀한 우정을 그린 그림이다. 한 사람이 다른 사람에게 기대어 쉰다. 예수는 사랑스러운 듯 요한의 머리에 손을 올려놓고 있다. 남자들에게는 자신의 감정을 드러내는 일이 늘 어렵다. '요한의 사랑'에 관한 그림은 남자들에게 자신의 감정을 표현하고 그것을 떳떳하게 주장할 수 있도록 용기를 주었다. 중세 신비주의도 '요한의 사랑'을 중요한 테마로 다루었다. 오늘날 이 그림들은, 남자들에게 다른 남자에 대한 사랑을 감사하게 받아들이고, 그 사랑을 하느님의 사랑과 교차하는 한 지점으로 체험할 수 있는 용기를 준다.

십자가 아래에서 요한은 예수의 어머니 마리아 옆에 서 있다. "예수님께서는 당신의 어머니와 그 곁에 선 사랑하시는 제자를 보시고, 어머니에게 말씀하셨다. '여인이시여, 이 사람이 어머니의 아들입니다.' 이어서 그 제자에게 '이분이 네 어머니시다' 하고 말씀하셨다. 그때부터 그 제자가 그분을 자기 집에 모셨다"(요한 19,26). 성서학자들은 이 장면을 두고 다양한 해석을 했다. 이 장면이 하나의 상징적 의미를 지닌다는 데는 일치를 보았다. 요한 복음 전체 맥락에서 보면 예수는 카나의 혼인 잔치에서 첫 번째 기적을 행한다. 예수에게 하느님의 인간 되심은 하느님이 인간과 결합하고 이를 통해 우리 삶을 변화시킨다는 의미다. 묵은 물은 포도주로 변한다. 새로운 맛을 얻게 된다. 요한에게 십자가는 결합의 완성이다. 요한이 십자가를 묘사할 때 사용하는 그리스어 '텔로스'*telos*는 '목표·완성·종결'뿐만 아니라 '혼인'을 뜻하기도 한다. 하느님과 인간 사이의 혼인은 십자가 아래에서 완성된다. 예수는 죽음에 이르기까지 모든 인간적인 것을 신적인 삶과 신적인 사랑으로 채우고 하느님과의 합일로 끌어올렸다. 십자가 아래에서 인간도 자신 안에 이제껏 분리되었던 모든 것과 혼인한다. 남자와 여자, 아니무스와 아니마는 십자가 아래에서 하나가 된다. 남자는 온전하게 완성된다. 그는 자신의 아니마와 혼인식을 연다. 요한은 마리아를 '자기 집으로'(*eis ta idia*) 받아들인다. 그녀는 그의 가족이 되고, 그에게 속하고, 그와 하나가 된다. 요한 복음에서 여자가 등장하는 장면은 항상 사랑의 장면이다. 마리아는 사랑의 원천이다. 요한은 마리아를 통해 사랑을 자기 집 안으로, 마음 가장 깊은 내면으로 받아들였다. 남자는 아니마, 즉 사랑할 수 있는 능력의 원천과 접촉할 때 비로소 진정한 사랑을 하게 된다.

예수가 사랑한 제자는 예수의 부활에서도 중요한 역할을 한다. 예수가 부활한 날 베드로와 요한이 무덤으로 달려간다. 마리아 막달레나는 제자들에게 사람들이 예수를 무덤에서 꺼내 갔다고 알린다. 예수가 사랑한 제자가 베드로보다 먼저 도착하지만 무덤 앞에서 그는 베드로에게 먼저 들어가라고 양보한다. 베드로는 이해하지 못하고 보기만 한다. 반면 "그제야 무덤에 먼저 다다른 다른 제자도 들어갔다. 그리고 보고 믿었다"(요한 20,8). 여기서 믿는다는 것은 본질, 가장 밑바닥의 토대, 신비를 본다는 것이다. 부활한 예수와 마리아 막달레나의 만남은 사랑 이야기다. 요한은 의식적으로 아가를 배경으로 두고 이 이야기를 서술했다. 이 사랑 이야기에서 예수가 사랑한 제자는 중요한 역할을 한다. 그는 보고 믿는다. 부활의 의미를 이해한다. 부활은 죽음에 대한 사랑의 승리다.

덧붙인 장인 21장에서도 그 제자는 중요한 역할을 한다. 그는 베드로의 권유로 고기를 잡던 제자 일곱 명과 함께 있었다. 밤새도록 아무것도 잡지 못하다가 아침이 될 무렵 호숫가에 서 있는 사람의 말에 따라 그물을 다시 던지자, 고기가 너무 많이 걸려 그물을 끌어올릴 수 없을 만큼 잡게 된다. 이때도 역시 보고 믿는 이는 예수가 사랑한 제자다. "예수님께서 사랑하신 그 제자가 베드로에게 '주님이십니다' 하고 말하였다"(요한 21,7). 그는 상황을 파악한다. 사랑에 가득 찬 그는 사랑 자체인 부활한 예수를 알아본다. 요한 복음의 마지막 장면은 다시금 베드로와 그 제자에 관해 다룬다. 베드로는 예수에게 그 제자의 운명과 앞으로의 길에 대해 묻는다. 예수는 대답한다. "내가 올 때까지 그가 살아 있기를 내가 바란다 할지라도, 그것이 너와 무슨 상관이 있느냐?" (요한 21,22). 보통 이 문장은 '내가 올 때까지 그가 살아 있기를'로 번역되지만 그리스어 '헤오스 에르코마이'*heos erchomai*를 정확하게 옮기면 '내가 오는 동안'이다. 이 문장으로 예수는 그 제자가 앞으로 어떤 방식으로 예수의 뒤를 따를지 말하고 있다. 예수가 사랑한 제자와 그를 따르는 사람들은 그리스도께서 신비로운 방식으로 자신에게 오는 동안 단순히 머무른다. 베드로는 예수의 복음을 적극적으로 행동해 선포하고 싶다. 예수가 사랑한 제자는 베드로와는 다른 방식으로 예수의 뒤를 따른다. 요한은 자신에게 머무르기 위해 오시는 그리스도를 향해 매 순간 열려 있는 사람이다. 예수가 사랑한 그리고 자신도 사랑에 가득 찬 그 제자는 많은 것을 행할 필요가 없다. 그는 신비주의자로서 세상을 변화시킨다. 그는 자신의 마음속에 하느님을 받아들이는 사람으로서, 또 자신의 마음속에 사랑의 자리를 마련하는 사람으로서 세상을 변화시킨다. 예수의 가슴에 기대 쉬었던 그는 예수가 떠난 후에도 언제든 예수가 찾아와 깃들 수 있도록 그를 향해 마음을 열어 놓은 사람으로 살아간다. 그는 사랑하는 사람과의 일치 속에서 산다. 이로써 그는 사랑과 애정, 사려와 분별을 지닌 고유한 분위기를 띠게 된다.

예수가 사랑한 제자 요한에게서 남자들은 우정의 신비를 배운다. 우정은 아마도 남자가 되는 과정에서 체험할 수 있는 최고의 보물이리라. 오래전부터 남자들은 우정의 찬가를 불렀다. 요한 복음은 이 우정의 신비에 대한 가장 아름다운 증언 중의 하나다. 예수는 제자들과 작별하며 말한다. "친구들을 위하여 목숨을 내놓는 것보다 더 큰 사랑은 없다. 내가 너희에게 명령하는 것을 실천하면 너희는 나의 친구가 된다. 나는 너희를 더 이상 종이라고 부르지 않는다. 종은 주인이 하는 일을 모르기 때문이다. 나는 너희를 친구라고 불렀다. 내가 내 아버지에게서 들은 것을 너희에게 모두 알려 주었기 때문이다"(요한 15,13-15). 예수는 우리에게 우정의 본질을 밝혀 준다. 진정한 친구는 친구에게 헌신하며 필요하다면 목숨까지 내놓는다. 자신을 위해 친구를 이용하지 않고 친구를 위해 자신을 희생한다. 그리스인들도 이와 비슷하게 우정의 본질을 밝힌다. 우정을 목숨까지 다해 다른 이를 위해 완전히 헌신하려는 마음이라고 보았다. 우정에는 자신의 마음을 모두 알리는 친밀함과 솔직함도 있어야 한다. 우리는 느낄 수 있다. 예수는 요한에게 자신의 인간적인 마음을 열었던 것이다. 예수는 신적인 존재로만 머물러 있지 않고 친구가 볼 수 있도록 마음을 열어 보였다.

한 여자에 대한 사랑은 남자를 매혹시킨다. 남자라면 당연히 그렇다. 그러나 성숙한 남자라면 우정도 알아야 한다. 여자에게만 놀라움을 자아내고 남자들과는 우정을 맺을 줄 모르는 남자에게는 본질이 빠져 있다. 남자들과의 우정은 그 나름의 가치가 있다. 어떤 남자들은 다른 이들과의 경쟁에 사로잡혀 있다. 그들은 항상 자신을 방어하고 정당화하는 데 주의를 기울인다. 우정을 맺는 사람은 자신의 위치를 공고히 하는 것을 포기한다. 그는 마음을 열고 그럼으로써 상처를 받아들이는 법도 배운다. 그는 자신의 느낌을 말한다. 그는 친구와 고락을 함께한다. 그러면 신의 있고 신뢰할 만한 사람임이 드러난다. 이런 것들이 성숙한 남자를 특징짓는 가치 기준이다. 우정을 맺을 수 있는 능력은 한 남자의 성숙을 결정하는 본질적 기준이다. 예수의 가슴에 기대어 쉬는 요한은 남자로 하여금 우정이라는 감정을 허용하도록 이끈다. 또한 남자의 진정한 아름다움으로 인도하는 우정의 길로 나서게 한다.

마지막으로 이 제자의 중요한 상이 또 하나 있다. 현자의 상이다. 요한 복음은 기원후 백 년경에 쓰였던 것 같다. 그때 그 제자는 노인이었다. 그에 대한 전기는 그가 항상 "서로 사랑하여라"라고 말했다고 전한다. 요한은 늙은 현자의 상이다. 한 남자가 나이 들어 현자가 되면 신뢰와 부드러움이 묻어 난다. 그가 있는 곳에는 사람들이 모인다. 그는 말을 많이 하지는 않지만 그가 하는 말은 지혜와 사려로 충만하다. 그는 모든 편협한 독단을 멀리한다. 그는 자신 그리고 삶과 조화를 이루었다. 그는 인간 됨의 모든 굴곡을 몸소 체험했다. 이제 그는 모든 것을 부드러운 눈길로 바라본다. 그는 만나는 모든 것을 비추는 온화한 가을빛이다. 이런 늙은 현자는 모든 남자가 되고자 하는 이상향이다. 왜곡된 노인상도 많다. 가령 불평만 늘어놓는 불만에 차 있는 남자, 자신의 젊음을 증명해 보이려는 늙은 남자가 있다. 어떤 남자들은 늙어서 자신의 과거 이야기만 한다. 자신이 진정으로 살았던 시간은 오직 과거뿐이다. 융은 "과거 학창 시절 이야기만 하는, 오로지 자신들의 호머적 영웅 시대를 돌아보는 데서만 삶의 불길을 지필 수 있는, 그것 말고는 절망뿐인 속물적 삶에 매몰된 남자들"(GW 8, 455)에 대해 말하고 있다.

1980년대, 독일 교회에서는 분노하는 나이 든 남자들이 자주 언급되었다. 다름 아닌 칼 라너Karl Rahner나 하인리히 프리스Heinrich Fries 같은 신학자들이다. 그들은 잃을 것이 없었다. 그들은 로마의 교의주의를 비판했다. 이렇듯 분노하는 늙은 남자도 교회나 사회에서 중요한 기능을 한다. 하지만 남자가 되는 여정의 목적지는 아니다. 목표는 교회나 사회의 갈등을 넘어서는 현자다. 현자도 얼마든지 문제를 지적할 수 있다. 그러나 그가 진실을 말할 때 그 어조는 신랄하고 분노하는 어조가 아니다. 오히려 "그래, 정말 그렇지" 이렇게 들린다. 모든 진실에서 우리는 지혜를 같이 듣게 된다. 라틴어로 현명함은 '사피엔시아'sapientia다. 지혜로운 사람은 삶을 맛본 사람, 삶의 맛을 아는 사람이다. 삶이 쓰다 하더라도 지혜로운 노인에게 삶은 새로운 맛과 부드러운 맛을 낸다. 독일어 '지혜'(Weisheit)는 '안다'(wissen)에서 왔다. 안다는 말은 '보다'(vidi)에서 왔다. 지혜로운 사람은 사물의 근저를 꿰뚫어 보는 사람이다. 그는 표면적인 것에서 본질을 본다. 그는 모든 것에서 하느님을 본다. 인간들끼리 벌이는 권력 싸움이 전부는 아니라는 것을 알기에 모든 것과 화해한다. 그의 눈길은 모든 불의와 악을 관통해 그 근저를 본다. 그는 거기에 모든 것을 변화시킬 하느님이 활동하고 계심을 본다. 그 어느 때보다 지금 이런 지혜로운 노인들이 교회와 사회에 필요하다.

예수 | 치유자

예수는 지금까지 말한 모든 원형을 통합한 남자다. 그는 하느님의 뜻을 인간에게 전하는 메시아다. 필리포스 앞에서도, 그 누구에게도 지배받지 않는 진정한 왕이다. 수난 속에서 고통받는 의인이고 소명을 지키는 순교자다. 바리사이들의 편협함에 분노하며 힘차게 싸우는 투사다(마르 3,1-6 참조). 제자들에게는 친구이고 연인이다. 요한에게도, 마리아 막달레나에게도 친구이자 연인이다. 예수는 당대 유다 라삐들처럼 여자를 대하지 않는다. 여자를 동등하게 제자로 받아들인다. 두려움 없이 애정을 가지고 여자를 대한다. 예수는 유머로 가득 찬 재기 넘치는 우화와 비유로 인간의 상황을 묘사하는 악동이다. 예수는 모든 것을 통합한 남자, 자신 안에 아니마와 아니무스, 투쟁과 사랑, 하느님과 인간, 빛과 어둠, 하늘과 땅을 통합한 완전한 남자다. 한나 볼프Hanna Wolf는 예수를 '통합된 인간'이라 했고, 프란츠 알트Franz Alt는 '새로운 인간'이라 했다. 저마다 예수에게서 남자라는 존재의 여러 모습을 본다. 남자로서 자신에게 중요하다고 생각되는 측면을 예수에게서 보는 것이다.

융은 예수에게서 자아의 참된 원형이 실현되었다고 본다. 융은 예수가 이 원형을 가장 순수한 형태로 구현했기 때문에 수세기에 걸쳐 사람들에게 그토록 강력한 영향력을 행사하고 있다고 생각한다. 자아의 원형으로서 예수는 남자에게 (또한 여자에게도) 그들이 자아를 실현하는 도정에서 중요한 영향을 끼친다. 네 복음서가 묘사하는 예수라는 남자를 볼 때 무엇보다 다음 세 가지 측면이 나를 사로잡는다.

첫째, 예수는 완전히 현존한다. 그가 등장하면 그야말로 그는 그곳에 있다. 그는 힘으로 가득 차 있다. 누구도 그를 그냥 지나칠 수 없다. 그의 말을 들으면서 잠들어 있을 사람은 아무도 없다. 그 말이 정곡을 찌르고 우리를 깨운다.

둘째, 예수는 내적으로 자유롭다. 자아를 중심에 세우려 애쓰지 않는다. 돈, 권력, 명예 따위는 그에게 아무것도 아니다. 그는 느낀 대로 말한다. 사람들에게 미칠 영향이나 자신의 말과 행동이 초래할 결과에 대해서 신경 쓰지 않는다.

셋째, 예수는 조금도 훼손되지 않은, 순수하고 깨끗한, 완전한 남자다. 그에게는 어떤 근원적인 것과 투명함이 풍긴다. 예수는 자신의 진정한 자아와 관계 맺고 있다. 그는 하느님에게 뿌리박고 있다. 그래서 버려짐과 죽음을 두려워하지 않는다. 예수는 자신 안에 그리고 하느님 안에 머무른다. 아무도 그에게 겁을 주거나 궁지로 몰아넣을 수 없다. 그는 올곧은 사람이다.

이 세 가지가 두려움 없이 자신이 생각한 바를 말하고, 힘에 가득 찬 남자의 특징이다. 그를 만나는 사람은 누구나 그 힘에 끌리게 되고, 그를 그냥 지나칠 수 없다.

나는 예수라는 남자를 모든 측면에서 일일이 서술하기를 포기하겠다. 예수에게서 볼 수 있는 핵심적이라고 생각되는 한 원형만 취해 다루려고 한다. 바로 치유자의 원형이다. 스스로 신성한 자, 자기 안에서 정상과 밑바닥, 밝음과 어둠을 통합한 자만이 치유할 능력이 있다. 네 복음서 모두 예수가 사람들을 치유했다고 전한다. 예수의 치유를 복음서들은 나름의 방식으로 해석한다.

마르코에게 예수는 전권을 가지고 악령들을 쫓아내는 구마사다. 악령은 사람들이 사로잡혀 있는 내적 강박, 콤플렉스 같은 것이고, 우리를 더럽히고 내적으로 혼란시키는 우울한 영이다. 우리 정신은 쓰라림, 실망, 분노 등으로 흐려진다. 예수는 말의 힘으로 사람들을 낯선 세력에서 해방시키는 힘 있는 의사다. 치유자로서 예수는 마술사의 원형도 통합하고 있다. 장님의 두 눈에 침을 바르고 손을 얹어 눈뜨게 하는 예수는 마술사 같다(마르 8,22-26 참조). 마르코는 예수를 남성적 힘으로 악령과 맞서 싸워 이기는 치유자로 묘사한다. 악령과 싸우고 사람들을 치유하면서 그는 이 세상의 권력자들에게 반감을 산다. 그들은 예수를 체포해 죽인다. 예수는 삶을 위한 투쟁에 생명을 바친다. 악령과의 싸움에서 승리한 대가로 목숨을 바친다. 그러나 바로 그 죽음의 무력함으로 악령들에 대한 자신의 승리를 완성한다. 십자가에서 예수의 커다란 외침은 승리의 외침이다. 예수는 죽어 가며 어둠의 세력에 대한 승리를 이 세상에 소리쳐 알린다. 마르코는 예수가 친절과 온유를 통해서가 아니라 "힘차고 자신감 있는 그리고 단호하게 발하는 남성 에너지"(Arnold 249)를 통해 치유한다고 보았다.

마태오는 치유를 서로 다른 두 관점에서 보았다. 죄와 믿음이다. 마태오에게 병은 죄와 관련 있다. 물론 어느 정도 타당성은 있지만 그 관계를 절대 관계로 보면 위험하다. 예수는 병의 심층적 원인을 말하고 다룬다. 자기 스스로를 받아들이지 못하는 사람에게 하느님이 그를 완전히 받아들였음을 전함으로써 병을 치유한다. 예수는 회의하는 사람에게 새로운 자신감과 안정감을 주는 믿음을 일깨운다.

전통적으로 루카는 의사라고 전해진다. 그는 예수의 행동을 전문 의학 용어로 묘사한다. 그에게 예수는 그리스에서 만났던 다른 모든 의사를 훨씬 뛰어넘는 진정한 의사다. 예수는 사람을 완전하게, 병 없이 온전하게 치유하려고 했다. 루카 복음에는 그리스어 '사오스'*saos*(온전한, 완전한, 건강한)가

다른 복음서에서보다 훨씬 자주 등장한다. 예수는 병자들을 일으켜 세우고, 병으로 훼손된 불가침의 품위를 되돌려 준다. 삶의 무게에 짓눌려 모든 것을 체념한 등 굽은 여자는 예수가 치료해 주자 자신의 신적 품위를 의식하고는 똑바로 일어서서 예수를 떠난다(루카 13,10-17 참조). 사람들은 예수 곁에서 절망감을 벗어 버린다. 예수가 그들을 존중하고 애정으로 대하며 받아들인다는 것을 느낀다. 그들은 자신의 온전함을 고스란히 되찾는다. 예수가 병든 사람을 고쳐 줄 때 그들에게 이는 새로운 천지창조인 것이다. 예수는 병을 치료해 주면서 하느님이 인간을 어떻게 구상했던가를 보여 준다. 하느님이 인간을 만드셨을 때 "하느님께서 보시니 손수 만드신 모든 것이 참 좋았다"(창세 1,31)고 하셨다. 예수는 이 메시지를 병자에게 전해 주려고 한다. "네가 거기에 있다는 것이 좋다. 너 그대로의 모습이 좋다. 너는 좋다." 이런 메시지는 좌절한 사람들을 다시 일으켜 세우고 자신의 근원적 아름다움을 보여 준다.

요한은 병의 원인을 신적 원천에서 떨어져 나온 것으로 본다. 인간은 신적인 삶으로 충만할 때만 건강하다. 예수는 마비된 사람과 태어나면서부터 눈먼 사람을 한 원천으로 고친다. 그러나 예수는 그들을 그 원천으로 끌고 갈 필요는 없다. 예수는 말을 통해 그들을 내적 원천, 그들 안에서 샘솟고 있는 신적인 삶의 원천과 접촉하도록 한다. 이 원천에 접하는 사람은 건강해지고 일어나 자신의 길을 걸어갈 수 있는 용기를 낸다. 그는 눈뜰 용기를 얻는다. 근원적인 것, 그 너머에 있는 것, 바로 모든 것 속에 있는 하느님을 볼 수 있게 된다.

문제는 예수가 어떻게 치유자가 되었는가이다. 하느님의 아들이라서 병을 고칠 수 있었다는 신학적 답변은 충분하지 않다. 예수가 처음부터 치유자였던 것은 아니다. 그는 자기 안에서 먼저 치유자의 원형을 키워 나갔다. 복음서들은 치유자가 되는 중요한 단계를 서술하고 있다. 첫 단계는 예수의 세례식이다. 이는 분명 어떤 깨달음의 체험이었다.

마르코는 예수가 요르단 강에서 나오자 예수의 머리 위로 하늘이 갈라졌다고 이야기한다. 마르코는 세례식을 남성다움에 첫발을 내딛는 거룩한 예식으로 본다. 예수는 새로운 남자가 되어 요르단 강에서 나온다. 그는 소박한 목수의 아들이라는 정체성을 요르단 강에 묻었다. 그는 물속으로, 무의식의 영역으로 들어갔다. 무의식의 원천이 없으면 삶은 말라 버린다.

루카는 예수의 세례를 다른 관점에서 보았다. 예수는 세례를 받음으로써 성령으로 충만하게 된다. 예수는 태어날 때부터 하느님의 아들이다(루카는 그의 탄생을 이야기할 때부터 이렇게 본다). 세례를 받으면서 예수는 자신이 본디 누구인지 깨닫게 된다. 바로 하느님의 사랑하는 아들로서 성령의 힘을 타고난 사람이다. 그 후 예수가 하는 모든 일, 가령 예언이나 치유 행위 같은 것들은 그가 하느님의 영으로 가득 차 있다는 사실의 표현이다. 하느님의 영은 치유하고 해방하기 위해 예수에게 부여된 힘이다.

비슷한 영적 체험을 하지만 그것을 오용해 거만해지고 자신을 남보다 위에 놓는 사람이 있게 마련이다. 그래서 예수는 남자가 되는 중요한 단계를 거친다. 영이 그를 광야로 내모는 것이다. 마르코 복음의 말을 그대로 따르면 '영이 예수를 광야로 내보냈다'. 예수가 체험하는 것은 부드러운 것이 아니라 아주 강한 성령의 힘이다. "예수님께서는 광야에서 사십 일 동안 사탄에게 유혹을 받으셨다. 또한 들짐승들과 함께 지내셨는데 천사들이 그분의 시중을 들었다"(마르 1,13). 사십 일 동안 예수는 광야에서 심리적 도전에 부닥친다. 예수는 광야에서 자신의 진실과 대면한다. 마르코는 광야를 악령들이 지배하는 영역으로 보았다. 예수는 이 악령들의 영역으로 들어간다. 악령과 대결하고 친숙해지고 지배할 수 있게 된다. 마르코는 이 과정을 들짐승과 천사로 비유했다. 예수는 자기 안의 야성을 체험한다. 그는 도망치지 않고 야성적 동물성과 화해하려고 한다. 동시에 자신에게서 천사를 체험한다. 모든 남자에게는 천사의 측면이 있다. 이런 측면을 억누를 수도 있다. 반대로 천사의 측면만을 본다면, 남성성을 잃고 자만에 빠지는 영적 길로 들어설 위험이 있다. 이는 우리 영혼에 좋지 않다. 초기 수도자들은 이 위험을 잘 알고 있었다. 나이가 지긋한 한 수사님은, 영적 생활을 하면서 하늘로 오를 것처럼 느끼는 젊은이의 발뒤꿈치를 잡아 다시 땅으로 내려오라고 충고한다. 예수는 광야에서 야성과 천사의 측면 모두를 자신 안에 통합한다. 그는 들짐승들과 평화롭게 산다. 동시에 천사들이 시중을 든다. 천사는 신을 보는 정신적 존재다. 야성과 화해하면서 예수는 하느님을 본다. 꿈속에서 동물은 항상 본능, 충동, 성을 나타낸다. 이런 영역 전부를 예수는 통합했다. 이런 영역이 예수가 신을 보는 것을 방해하지 못한다. 오히려 영성이 자라는 온상이 된다. 들짐승과 천사의 비유가 말하고자 하는 것이 또 하나 있다. "지상의 가장 위험한 곳에서 예수는 안전하게 보호받고 있는 것처럼 느꼈다. 이제 그는 어디든 갈 수 있다. 사람들은 예수를 사거나, 겁을 주거나, 유혹에 빠지게 하거나, 길들일 수 없다"(Arnold 247).

예수가 어떻게 치유할 수 있었는지 말해 주는 또 다른 비유를 마르코 복음에서 찾아보자. 예수가 카파르나움 회당에서 가르칠 때 사람들은 그의 가르침에 매우 놀랐다. "그분께서 율법 학자들과 달리 권위를 가지고 가르치셨기 때문이다"(마르 1,22). 예수는, 사람들이 '저 사람은 단순히 하느님에 대해 말하는 것이 아니라 그의 말 속에 하느님이 현존하고 있구나' 하고 느낄 수 있도록 그렇게 하느님에 관해 말했다. 거기서 하느님은 섬광처럼 나타난다. 설교는 힘찼으며 하느님에 관한 진정한 증언이었다. 예수는 하느님에 관해 말하는 것만으로 사람들을 고칠 수 있었다. 예수가 올바르고 분명하게 하느님에 관해 말했을 때 한 남자가 회당에서 크게

소리친다. 그는 더러운 영이 들린 사람이었다. 악령 들린 하느님상을 갖고 있었다고 말할 수도 있다. 예수가 하느님에 관해 말했을 때 이 악령 들린 하느님상이 동요했다. 그 사람은 하느님을 자신의 안전 장치로 이용하고 있었는지도 모른다. 아니면 자신을 남들 위에 두는 데 하느님을 이용했는지도 모르겠다. 자신의 자만심을 높이기 위해 하느님이 필요했다. 예수는 이런 악령 들린 하느님상을 빛 속으로 끌어냈다. 그 상은 동요할 수밖에 없었다. 그 남자는 경련을 일으킨다. 목이 졸리는 것만 같다. 이 악령 들린 하느님상이 더 이상 효력을 발휘하지 못하게 되면 그의 전 생애가 무너져 내린다. 예수는 더러운 영을 꾸짖는다. "조용히 하여라. 그 사람에게서 나가라"(마르 1,25). 그러자 더러운 영은 큰 소리를 지르며 그 사람에게서 나간다. 사람들은 놀라 경악한다. "이게 어찌 된 일이냐? 새롭고 권위 있는 가르침이다. 저이가 더러운 영들에게 명령하니 그것들도 복종하는구나"(마르 1,27). 예수가 올바르게 하느님에 관해 말하자 한 사람이 낫는다. 병든 하느님상은 인간도 병들게 한다. 누군가가 자신의 진실을 체험하면 진정한 하느님을 깨닫게 되고 그러면 하느님에 대해 진실한 증언을 하게 된다. 그 진실한 증언은 악령 들린 하느님상에 사로잡혀 있는 사람들을 고칠 수 있다. 여기서 병을 고친다는 것은 낯선 외부 세력, 악령, 하느님과 세상에 대한 잘못된 인생관이나 생각에서 우리를 해방시킴을 의미한다.

치유자로서 예수라는 남자에게 중요하다고 생각되는 둘째 상은 안식일에 한 남자를 치료하는 이야기에서 잘 나타난다(마르 3,1-6 참조). 손이 오그라든 사람이 있었다. 자신의 남성성을 부정했던 사람이 아니었나 싶다. 그는 순응했고, 손가락을 데지 않기 위해 손을 뒤로 뺐다. 진정한 의사소통을 할 능력이 없는 사람이다. 그는 다른 사람과 접촉하지 않는다. 구석에 관객으로 앉아 있다. 이것이 한 남자의 왜곡된 상이다. 예수는 "일어나 가운데로 나와라"(마르 3,3) 하고 명령함으로써 이 남자를 고친다. 남자의 병은 모든 것을 피해 뒤로 물러난 데 기인한다. 이제 그는 관객의 역할을 버리고 가운데로 나와야 한다. 거기서 모든 사람이 그를 보게 된다. 그는 이 눈길을 견뎌야 하고 당당히 자기여야 한다. 예수는 바리사이들을 향해 말한다. "안식일에 좋은 일을 하는 것이 합당하냐? 남을 해치는 일을 하는 것이 합당하냐? 목숨을 구하는 것이 합당하냐? 죽이는 것이 합당하냐?"(마르 3,4). 예수는 바리사이들과 대결한다. 바리사이들은 예수를 고발하려고 그가 안식일에 병을 고쳐 주는지 지켜보고 있었다. 예수도 이를 알고 있었다. 바리사이들에게 그런 일은 죽음의 위험이 있을 때만 허용되었다. 예수는 이런 편협한 율법을 위험한 것으로 보았다. 인간보다 규범이 더 중요한 사람은 악한 일을 하고 삶을 파괴한다. 여기서 예수의 자유로움이 드러난다. 중요한 것은 규정이 아니라 인간이다. 바리사이들이 비겁하게 침묵하자 예수는 "그분께서는 노기를 띠시고 그들을 둘러보셨다. 그리고 그들의 마음이 완고한 것을 몹시 슬퍼하셨다"(마르 3,5). 권력과 규범 뒤에 몸을 숨긴 경직된 남자들이 쌓은 벽을 예수는 홀로 마주하고 있다. 예수는 자신의 감정에 충실하다. 그의 분노는 거세다. 그러나 분노로 폭발하지 않고 다른 이들에게서 자신의 선을 분명히 긋는다. 예수는 그들에게 어떤 힘도 행사하지 않는다. 그들은 더욱 경직될 것이다. 상관없다. 그건 그들의 문제다. 예수는 자기 안에 머무른다. 예수에게 분노는 자기 안에 머무르면서 다른 사람의 권력에서 벗어나게 해 주는 힘이다. 예수는 어느 자리에서든 완전히 현존하는 남자다. 그는 매 순간 온전한 자신이고 자기 안에 있다. 그는 외부의 기대, 염려, 위협에 지배받지 않는다. 느낀 대로 행동한다. 그는 자신과 하나다. 자신 그리고 하느님과 하나 됨으로써 그 누구에게도, 완고하고 적대적인 마음에도 지배받지 않는다. 예수는 분노할 뿐 아니라 슬퍼한다. 그리스어로는 이 구절을 '실리포우메노스'*syllypoumenos*라 한다. 함께 슬퍼하고 함께 느낀다는 뜻이다. 예수는 분노 속에서 스스로 거리를 둔다. 적대자들의 마음속에 자신을 대입하기도 한다. 그는 그들이 어떻게 생각할지 느낀다. 그들의 마음이 얼마나 완고한지, 인간적 감정이 말라 버린 것을 보면 사람들이 얼마나 절망할지 느낀다. 그것은 죽은 마음이다. 그 마음속 풍경이 아무리 혼란하고 어둡고 악한 것일지라도 예수는 자기 안에 서 있으므로 동시에 다른 이의 마음속을 들여다볼 용기를 갖는다.

예수는 적대적인 분위기를 감지한다. 그럼에도 불구하고 자신이 느낀 대로 행동한다. 다른 사람에 의해 규정되지 않고 주체적으로 행동한다. 예수는 그 남자에게 "손을 뻗어라"(마르 3,5) 하고 명한다. 자신의 삶을 주도하고 다른 사람에게 손 내밀기 위해, 문제를 해결하기 위해 손을 뻗으라고 명하는 것이다. 병을 고친 이야기에서 예수의 강한 남성성을 만날 수 있다. 예수는 모두가 반대해도 소신을 지키는 남자다. 그는 다른 사람들의 적대적 반응을 두려워하지 않고 자신이 느낀 대로 행한다. 이 점이 나를 매혹시킨다. 예수는 자신이 남자임을 부정한 남자를 위해 싸운다. 그는 삶을 위해 싸운다. 그 누구도 예수를 그냥 지나칠 수 없을 만큼 그의 존재는 크다. 병든 사람도, 마음이 굳은 바리사이들도 그를 지나칠 수 없다. 그들은 예수와 마주 서야 한다. 예수 자신이 그토록 분명하기에 그 주위에 있는 다른 사람들의 불분명함이 드러난다. 예수 곁에서는 마음속에 숨은 모든 것이 밝혀진다. 예수는 진실을 강요한다. 예수 앞에 서면 그 누구도 자신과 자신의 현실을 지나칠 수 없다.

광야 이야기에서 예수가 자신의 그림자와 화해하고 동물적인 것을 자기 안에 통합했다는 것을 말한 바 있다. 이 통합의 정점은 십자가에서 나타난다. 십자가는 모든 대립의 통합에 대한 근원적 상징이다. 십자가에서 예수는 우주의 모든 영역(정상과 바닥, 하늘과 땅, 빛과 어둠, 의식과 무의식, 남자와 여자)을 감싸 안았다. 복음서 저자들 모두 십자가 주위에 여자들이 서 있었다고 전한다. 예수는 유다 라삐들과는 달리 여자도 제자로 받아들였다. 예수는 다른 사람들과는 다르게 여자들을 대했다. 한나 볼프는 예수를 자신 안에 아니마를 통합한 남자로 서술했다. 우리는 이를 예수가 여자들을 대하는 태도에서 확인할 수 있다. 예수는 거리낌 없이 여자들과 이야기를 나누었다. 그는 여자들에 대한 자신의 느낌을 신뢰하고 제자들의 두려움을 무시한다. 제자들은 예수가 사마리아 여자와 이야기하는 것을 보고 놀란다. "그러나 아무도 '무엇을 찾고 계십니까?', 또는 '저 여자와 무슨 이야기를 하십니까?' 하고 묻지 않았다"(요한 4,27). 예수는 여자를 가까이 오게 허락했다. 여자는 눈물로 예수의 발을 씻기고 머리카락으로 닦고 그 발에 입맞추었다. 예수는 여자를 어떤 한 역할에 고정시키지 않았다. 그는 마르타를 여주인으로서 인정했고, 그저 그의 말을 듣고 그의 신비를 이해하고 싶어 했던 마리아 역시 인정했다(루카 10,38-42 참조).

　루카는 십자가의 예수를 정의로운 사람이라고 서술한다. 그는 그리스 철학자 플라톤(기원전 428-348)의 『국가론』*Politeia* 중의 한 구절과 연관 짓는다. 플라톤은 진정으로 정의로운 사람은 타락한 주위 세계와 대립하게 될 것이라고 한다. 그는 이렇게 쓰고 있다. "그러한 마음을 지닌 의인은 채찍질당하고, 고문당하고, 쇠사슬에 묶이고, 두 눈이 멀게 되고 그 모든 수난 후에 결국 십자가에 매달리게 될 것이다." 이미 서기 210년경에 알렉산드리아의 클레멘스는 이 플라톤의 말을 예수의 십자가 죽음에 대한 예언적 해석으로 보았다. 그리고 그 전에 이미 루카도 그렇게 이해했다. 예수는 의로운 남자, 바르고 올곧은 남자였다. 모든 이가 그를 올바르다고 한다. 그는 모든 대립을 자기 안에 통합했다. 루카는 형용사 '정의로운'을 흔히 '잘못 없는'의 뜻으로 사용한다. 사도행전에서 그는 예수를 자주 의로운 사람이라 부르고 있다. "여러분은 거룩하고 의로우신 분을 배척하고 살인자를 풀어 달라고 청한 것입니다"(사도 3,14). 예수는 인간의 모든 영역을 나름대로 합당하게 존중하는 의롭고 올바르며 흠 없는 남자다. 예수는 인간 존재에 속하는 모든 것을 자기 안에 통합한 완전한 남자다.

루카에게 예수는 완전히 자기 자신인 남자다. 자신 안의 중심에서 살며, 우리도 우리의 진정한 자아를 만날 수 있게 해 주려는 남자다. 자아의 원형으로서 예수는 부활한 날 저녁 제자들에게 나타나는 장면에서 분명히 드러난다. 제자들에게 자신의 손과 발을 보여 주며 말한다. "바로 나다"(*ego eimi autos*, 루카 24,39). 스토아철학에서 '아우토스'*autos*는 진정한 자아의 표현, 신 이외는 아무도 들어올 수 없는 인간 내부의 신성한 영역을 표현하는 단어다. 이 영역은 자유와 진정성의 내적 공간, 진정한 자아, 인성의 진정한 핵이다. 부활한 예수는 우리를 우리의 진정한 자아로 이끌려고 한다. 그는 제자들에게 말한다. "나를 만져 보아라. 유령은 살과 뼈가 없지만, 나는 너희도 보다시피 살과 뼈가 있다"(루카

24,39). 부활한 예수와의 만남을 통해 제자들은 자신이 단순한 영일 뿐 아니라 사람이라는 것을 깨달아야 한다. 예수처럼 그들도 살과 뼈가 있다. 그러나 그 깊은 내부 '아우토스'에는 신성, 즉 하느님이 살고 있는 진정한 자아가 있다. 남자가 된다는 것의 목표는 이 내적 자아와 만나는 것이다. 하느님이 우리 안에 머무르는 성소와 같은 고요의 공간과 만나는 것이다. 다른 이의 기대와 억압에서 자유로운 우리가, 우리 자신이 머무르는 침묵의 장소와 만나는 것이다.

예수는 완전한 자기 자신이기에 사람들의 병을 고칠 수 있었고, 자신 내부의 신성한 영역 '아우토스'에 머물기 때문에 진실되었다. 예수는 남자들과 여자들에게 자신의 진정한 자아에 도달하라고 촉구한다. 그러면 그들에게서도 어떤 치유의 힘, 온전하게 만드는 힘이 나올 것이다. 내적으로 분열된 사람은 주위에도 분열을 일으킨다. 악령으로 흐려진 사람은 주위에도 안개와 불명확함을 퍼뜨린다. 그는 자신의 어둠과 병을 다른 사람에게 옮긴다. 예수는 이런 모든 투사기제投射機制에서 벗어나 있다. 그는 자신을 있는 그대로 본다. 그래서 예수는 사람들을 있는 그대로 볼 수 있었다. 그는 자신 안에 머물러 있으므로 다른 이들에게서도 그 진정한 핵을 알아본다. 병을 고친다는 것은 이런 신적 핵심과 다시 만나게 하는 것이다. 예수에게 치유라 함은 또한 몸으로 된 자신의 구체성을 긍정하는 일이기도 하다. 내적 성전에 다다르는 길은 몸과 살을 거친다. 자신의 몸을 긍정하고 그

것과 화해한 남자라야 자신의 진정한 자아를 만날 수 있고, 왜곡되지 않고 훼손되지 않은 하느님상이 머무르는 자신의 내적 공간과 조우할 수 있다.

우리는 스스로를 치유자라고 말할 수는 없다. 병을 고치는 능력이 있는 사람들이 있다. 그러나 그 능력은 우리가 언제나 마음대로 이용할 수 있는 하느님의 선물은 아니다. 우리는 예수에게서 우리의 진정한 자아에 도달하는 방법을 배울 수 있다. 그러면 우리에게서도 어떤 치유의 힘이 나오게 된다. 자신을 치유자의 원형과 동일시하는 것은 위험하다. 나는 항상 나 자신에게서 그런 위험을 체험한다. 심리치료를 여러 번 받아 봤지만 소용이 없었다는 사람이 영성 상담을 하러 찾아오면, 내 안에서 치유자의 원형이 말한다. "나는 저 사람을 고칠 수 있는데. 내가 보여 주는 영적 길이 그를 낫게 할 텐데." 그러나 치유자의 원형에 사로잡히면 나 자신의 욕구를 알아차리지 못하게 된다. 내가 치유자임을 증명해 보이고 싶어 한다. 병을 고치는 데 영적인 방법이 심리치료보다 더 효과적이라는 것을 심리치료사에게 증명해 보이고 싶어 한다. 그러나 이 모든 것은 정신을 어둡게 한다. 있는 그대로 다른 사람을 보지 못할 것이며 스스로에게 부담을 줄 것이다. 치유자의 원형이 절제를 잃고 허용된 것 이상으로 자신을 과신하게 만들면 애정과 인정을 바라는 욕구를 병자에게 푸는 잘못된 길로 빠지게 된다. 치유자 예수는 내가 치유자의 원형과 나를 동일시하지 못하도록 지켜 준다. 예수는 내 안에 있는 병을 고치는 힘과 나를 만나게 해 준다. 그러나 무엇보다 예수는 나의 진정한 자아를 찾도록 이끌어 준다. 그렇게 되면 내게서 병을 치유하는 힘도 나오게 될 것이다.

병자들의 마음을 잘 헤아려 주고 애정 어린 보살핌으로 병을 낫게 해 주는 여자들이 있다. 자신이 치유하는 손을 가졌다고 말하는 여자를 종종 보았다. 남자들에게는 그런 말을 거의 듣지 못했다. 남자가 치유자인 경우에 그의 치료는 특별하다. 그는 남성적인 힘과 분명함을 통해 치료한다. 병자를 자기 자신의 힘과 만나도록 해 주는 훌륭한 의사와 치료사, 영성 상담가, 조언자가 많이 있다. 그들의 치료 방법은 병자들을 예수와 만나게 해 주는 것이다. 그들은 병자를 자신의 잠재력과 만나게 해 주어 자신의 힘을 끌어내게 한다. 남자는 병을 치료하는 예수의 힘을 자신에게서 발견하는 것을 배울 수 있다. 그 전제 조건은 그들이 예수와 함께 남자가 되는 여정을 시작하는 것이고 그 여정 중에 그들에게 나타나는 모든 것, 야성과 온화, 강함과 약함, 남자과 여자, 밝음과 어둠을 모두 자신 안에 통합해야 한다. 예수와 만나면 거짓과 가식은 떨어져 나간다. 그렇게 진정한 자아와 만나게 되면 가장 깊숙한 곳에 있는 자아에서부터 비로소 치유할 능력을 갖게 된다.

맺으며

남자가 되는 길

이 책에 나오는 성경 속 남자들은 우리 자신의 진실과 대면하도록 용기를 준다. 우리는 그들의 이야기를 그저 관중으로서만 바라볼 수 없다. 성경 속 남자들은 힘이 넘친다. 그들을 그냥 지나칠 수 없다. 그들은 우리에게 말을 건다. 우리에게 도전할 과제를 주고 우리 안의 남성적 힘을 일깨운다. 하지만 성경 속 남자들은 우리가 영원히 그들처럼 될 수는 없다는 부담을 안고 뒤따르기만 해야 하는 이상향이 아니다. 그들도 에움길과 오류의 길을 걸었다. 그들은 후퇴를 경험했고 쓰러지기도 했다. 그들은 우리에게 이런 말을 들려준다. "중요한 것은 모든 것을 완벽하게 해내는 것이 아니다. 삶을 감행한다는 것이 중요하다. 실수하지 않는 것이 문제가 아니다. 실수를 숨기지 말고 그것에서 배워라. 쓰러지는 것이 그리 큰일은 아니다. 그러나 그냥 쓰러져 있어서는 안 된다. 쓰러졌다면 일어서라. 싸우는 한 언제든 상처 입게 될 것이다. 상처를 피하지 마라. 당신이 가는 길에 거쳐야 하는 것이다. 상처는 사랑할 수 있게 해 준다. 상처 없는 사랑은 없다. 당신의 남성적 힘과 만나라. 당신의 공격성, 당신의 성, 당신의 규율, 당신의 열정과 만나라. 열정은 삶이 지루하지 않도록 지켜 준다. 삶을 방해하는 모든 것과 싸워라. 인간을 위해, 그들의 삶을 위해 싸워라. 주어진 모든 수단을 동원해 참여하라. 그러면 당신이 남자라는 사실이 즐거울 것이다. 남자로서 삶을 일깨워 주는 사랑(열정에 가득 차고 당신과 당신이 사랑하는 사람을 매혹시킬 사랑)을 할 수 있을 것이다. 남자가 되는 길에 나선다는 것, 그 도정에서 오직 당신을 통해 이 세상에 모습을 드러낼 수 있는 하느님의 면모를 보여 주는 것이 보람찬 일임을 깨닫게 될 것이다."

성경 속 남자들을 다루면서 그들이 대표하는 원형에 상응하는 남성적 영성을 계발하고 싶은 욕구를 느낀다. 가톨릭이 지금껏 여자들을 교회직에서 제외시키고 있지만 그 영성은 남성적이라기보다 여성적이다. 이해, 연민, 겸손 같은 수동적 덕목들이 권장되고 있는 반면 정의를 위한 공격적 투쟁이나 우정을 위한 열정적 헌신은 뒤편으로 물러나 있다.

나는 남자들이 이 책을 읽고 그들 본연의 길, 즉 자아를 찾는 길에 흥미를 느끼길 바란다. 나아가 힘과 열정을 배제하지 않고 남성 에너지의 역동성에 이끌리는 그런 영적 길을 찾는 데도 흥미를 느끼길 바란다. 성경 속 남자 열여덟 명에게 나타나는 남성적 영성은 어떤 경직된 체계나 이데올로기를 거부한다. 남자들은 너무 높은 이상이나 장황한 말에 회의적이다. 성경 속 남자들에게서 우리는 하느님과 만나고 인간을 위해 헌신하는 남성의 길을 발견한다. 우리는 그들에게서 모든 정점과 바닥을 거쳐 자신의 진실을 대면한, 자신의 성과 활력을 통합한, 그러나 너무도 자주 자신 안의 다양한 경향 탓에 이리저리 방황했던 그런 힘 있는 남자들을 만난다. 남성의 영성은 체계나 이상을 거부한다. 남성의 영성은 구체적이며 행동과 참여를 향하고 있고 힘과 열정으로 가득하다.

나는 성경 속의 남자들을 열여덟 가지 원형으로 분류했다. 그들은 특별한 역사를 지닌 구체적인 인물이다. 성경 속의 남자들은 슈퍼맨이 아니다. 그들은 살과 피로 된, 성공과 실패를 겪은 남자들이다. 그들은 발전하는 과정에서 실패를 체험했다. 힘 있는 남자들이지만 쉽게 약해지기도 했다. 싸워서 지기도 하고 쓰러지기도 하지만 넘어져도 금방 다시 일어난다. 그들은 사랑할 능력이 있다. 사랑하면서도 정점과 바닥, 성공과 실패를 경험한다. 나는 남자 열여덟 명이 이 책을 읽는 남자들에게 자신의 남성성을 펼쳐 나가고 모든 강점과 약점을 다 갖고 있는 남자로서 자신을 받아들이는 데 도움이 되기를 바란다. 성경 속 남자들은 우리들의 삶을 받아들이고 그것을 하느님이 우리 각자에게 부여하신 모습대로 빚어내기를 촉구한다. 어떤 도식에 따를 필요는 없다. 오히려 하느님이 우리 각자에게 마련한 그 길로 나서는 것이 문제다.

어떤 남자도 내가 묘사한 원형 중 하나에만 자신이 해당한다고 생각하지는 않을 것이다. 그러나 누구나 어느 한 인물 혹은 여러 인물에서 자신과 비슷한 점을 발견할 것이다. 이렇듯 성경 속 인물들은 남자가 자신의 강점을 찾도록 이끌 것이다. 또한 자신의 위험도 인식하고, 자기 안에 있는 기회를 발견하지만 자신을 기다리고 있는 함정도 감지하도록 초대한다. 남자들은 자신이 지금 어느 정도 발전했는지, 어떤 걸음을 떼야 하는지 알아야 한다. 남자라면 누구나 자신만의 길, 하느님이 정한 그 길을 걸어야 하는 임무가 있다. 성경 속 남자들과 자신을 비교해 보면 자신 안에 지금껏 가려져 있던 숨은 영역을 발견하게 될 것이다.

내가 서술한 남자들은 자기 안에 양극, 투쟁과 사랑을 전개시켰다. 이 양극 없이는 남자가 될 수 없다. 오직 싸우기만 하는 남자는 시비꾼이 되기 쉽다. 그는 어떻게든 자신을 느끼려고 항상 적을 찾는다. 투쟁을 건너뛰고 사랑에만 몰두하는 남자는 결코 진정으로 사랑할 줄 아는 남자가 될 수 없다. 얼마 전 한 여자가 내게 "남편이 저를 많이 사랑하는지는 몰라도 저는 그 사랑을 느끼지 못해요"라고 말한 적이 있다. 그 사랑은 그저 구속하고, 힘 없고, 순종만 요구하고,

따분한 사랑이다. 사랑도 마술을 걸고 사람을 행복하게 하는 잠재력을 펼치려면 힘이 필요하다.

남자는 투쟁과 사랑 사이에서 자신만의 균형을 찾아야 한다. 남자가 자아를 실현하는 길에는 어떤 본보기나 통일된 모범이 없다. 투쟁과 사랑 사이의 무게 균형은 삶의 단계마다 새롭게 맞춰야 한다. 그래서 나는 독자 여러분이 어떻게 이 투쟁과 사랑을 결합할 것인지 자신만의 길을 찾았으면 한다. 이 책을 통해 당신의 남성적 힘을 느끼기를 바란다. 그 힘에 기뻐하고, 힘을 펼치고 싶은 욕구를 느끼기를, 그리고 기꺼이 남자이고 싶어 하기를 바란다. 남자는 여자를 자신의 길에 이용하는 것이 아니라, 여자에게 남자란 무엇이며 어떻게 느끼는지 호기심을 불러일으키길 바란다. 남자가 되는 길을 걸으며 아울러 당신 안에 새로운 것을 이끌어 내는 여자의 신비에도 매력을 느낄 줄 알기 바란다. 흥미로운 길, 정점과 바닥, 빛과 어둠의 체험이 당신을 기다리고 있다. 나는 당신이 남자로서 삶을 위해 투쟁하고 삶을 사랑하기를 바란다. 나아가 다른 사람들도 당신과 함께 싸우고 사랑하는 일에 초대하기를 바란다.

참고문헌

Patrick M. ARNOLD, *Männliche Spiritualität. Der Weg zur Stärke,* München 1991.

Robert BLY, *Eisenhans. Ein Buch über Männer,* München 1991.

Jean Shinoda BOLEN, *Götter in jedem Mann. Besser verstehen, wie Männer leben und lieben,* München 1998.

Joseph CAMPBELL, *Der Heros in tausend Gestalten,* Frankfurt 1949.

Die Regel des heiligen Benedikt, hg. im Auftrag der Salzburger Äbtekonferenz, 6. Auflage der Neubearbeitung 39.-46. Tausend, Beuron 1990.

Heribert FISCHEDICK, *Der Weg des Helden. Selbstwerdung im Spiegel biblischer Bilder,* München 1992.

Walter GRUNDMANN, *Das Evangelium nach Lukas,* Berlin 1966.

Tad und Noreen GUZIE, *Archetypisch Mann und Frau. Wie verborgene Urbilder unser Schicksal gestalten und Beziehungen prägen,* Interlaken 1987.

Walter HOLLSTEIN, Das neue Selbstverständnis der Männer, in: *Der Mann im Umbruch,* Olten 1989, 11-26.

C. G. JUNG, GW 8, Olten 1971.

—, *Zur Psychologie des Kindarchetypus*, in: GW 9/I, Olten 1976, 163-196.

—, *Zur Psychologie der Tricksterfigur*, in: GW 9/I, Olten 1976, 271-290.

—, *Christus, ein Symbol des Selbst*, in: GW 9/II, Olten 1976, 46-80.

Lutz MÜLLER, Manns-Bilder: Zur Psychologie des heroischen Bewußtseins, in: *Der Mann im Umbruch,* Olten 1989, 92-113.

Peter Michael PFLÜGER (Hrsg.), *Der Mann im Umbruch. Patriarchat am Ende?*, Olten 1989.

Richard ROHR, *Der wilde Mann. Geistliche Reden zur Männerbefreiung,* München 1986.

—, *Masken des Maskulinen. Neue Reden zur Männerbefreiung,* München 1993.

Walter SCHUBART, *Religion und Eros,* München 1941.